JN436998

국제시장

국제시장

정희선 수필집

수필과비평사

두 번째 수필집을 내면서

2005년에 수필로 등단하고 10년이 지나 첫 수필집 『국향과 어머니』를 펴냈다. 올 초봄에는 시집 『몽돌』도 냈다. 두 번째 수필집도 가을쯤엔 나올 거라 자신했다. 코로나 탓에 가게가 좀 한가해졌고 반면에 글을 쓸 수 있는 시간은 늘어나 무리가 없으리라 생각했다. 늦가을에 든 남편의 칠순 기념일에, 또 지난해 코로나에 뺏긴 내 칠순에다 책 발간도 두루 버무려 출판기념도 하고 싶었다. 멀리 있는 딸들을 번거롭게 하지 않으려고 회갑도 그냥 지나쳤기에 마지막이지 싶은 잔치를 하고 싶었다.

추석이 가까운 요즘, 코로나 19가 델타변이 바이러스까지 달고 나타나 봄보다 더 극성이다. 예정이 빗나갈 수도 있겠다. 첫 수필집 『국향과 어머니』와 시집 『몽돌』은 의도하지 않았는데도 어머니와 아버지가 표제작이 되었다. 해서 이번 수필집 제목은 우리 부부가 반백 년 넘게 몸담은 『국제시장』으로 망설임 없이 정했다.

어줍은 글이다. 국제시장의 세월을 토로해야 내 마음도 좀 가벼워질 것 같다. 이제 마음을 오롯이 비우고 내놓는다.

국제시장 덕성상회에서

2021년 가을에 **정희선**

차례

夏 비밀

秋 찻잔과 맞바꾼 모과향기

冬 다락방의 추억

春 국제시장

국제시장

국제시장이 개장한 지 70주년이다. 국제시장은 해방이 되자 일본인이 철수하고, 외국상품과 전시물자들이 시장에 나오면서 도떼기시장으로 불리며 형성되었다. 1948년에 자유시장으로 개명했으나 그 이름은 오래가지 못했다. 그러다가 1950년 5월부터 현재의 이름인 국제시장으로 바뀌었다.

육이오 전쟁을 치르면서 피난민이 가세했다. 부산뿐 아니라 전국에서 제일 큰 시장으로 자리매김하며 이름값을 했다. 길 건너는 부평동 깡통시장이 형성돼 있다. 수입품·화장품·장신구·통조림·의류·일제 밀수품·술·담배 등이 거래되고 전국으로 팔려나가 국제시장과 나란히 이름을 날렸다.

국제시장에 1950년 12월에 큰불이 나 시장 전체가 불타 버렸다. 연이어 1953년 1월에도 대형화재가 발생해 시장이 다시 소실되었다. 이때 이재민이 3,000여 명에 달했다. 그 피해액이 무려 1,400여억 원이나 되었다고 한다. 당시 상점들은 기차간처럼 기다랗게 붙은 판잣집이었다. 한파에 시린 손발을 쬐기 위해 불을 피웠을 테고 화재로 이어졌을 것이다. 피해 금액만 보아도 시장의 규모가 짐작이 간다. 그 이후에도 화재는 여러 차례 일어났다. 1960년 12월에는 4공구에서, 1968년에는 5공구에서 불이 났다. 1970년에야 콘크리트로 다시 지었다. 하지만 1995년에 또 2공구에 불이 났다. 2001년과 2005년 연이어 4공구에서 불이 났다. 다행히 건물을 새로 지을 때는 공구와 공구 사이에 공간을 두었다. 불이 나도 불이 난 공구만 피해를 보았다. 바다가 가까워 바람이라도 세게 불었으면 2공구와 4공구 사이인 우리 3공구에도 불이 붙을 뻔했다.

국제시장은 부산시 중구 신창동에 있다. 여섯 공구로 나눠져 각각 A, B동으로 나란히 12동이다. 부평깡통시장과 4차선 도로를 사이에 두고 기다랗게 늘어선 2층 콘크리트 건물이다. 1공구는 안경 문구 공예품 일반 잡화상이, 2공구는 액세서리 속옷 양말 가방 주방 기구와 칠 기구가, 3공구에는 스카프 손수건 머플러 양말 의류 문구 모자 침구류가 들어와 있다. 4공구는 메리야스 주단 한복 수예 거울 액자와 그릇이고 5공구는 주단 포목 한복 수예품 등이다. 6공구는 주단 운동복 기계 공구와 전기 전선 등을 판매한다.

특히 1, 2, 3공구는 전문 도매로 지방마다 거래처를 확보하고 있다. 화재 복구를 위해 장기간 문을 닫으면 도매상엔 단골 거래처가 떨어진다. 그러니 그때마다 국제시장 인근인 창선동 일대로 도매상들이 이동해 갔다. 국제시장 도매상들과 손님들이 분산된 원인 중의 하나다.

내가 국제시장에 발을 디딘 1967년 봄만 해도 시장은 손님들로 북새통을 이루었다. 나는 국제시장 2공구 2층 메리야스와 스카프 도매상에 취직했다. 낮에는 점심을 먹다가도 몇 번씩 일어나야 하는 바쁜 점원 생활을 했다. 밤에는 걸어 5분 거리인 용두산공원 아래에 있는 ㄷ 야간 여중에 다녔다. 가게에서 월급을 적게 받는 조건으로 야간 여학교에 들어갔다. 한데 손님이 끊이지 않고 들이닥쳐 등교 시간을 맞추기가 어려웠다. 이마빡에 단골 지각생이라고 써붙이고 다닐 지경이었다.

1974년 4월 중순에 3공구 B동 2층, 지금 자리에 가게를 개업했다. 그해 10월 하순에 고향 동네 초등학교 동기인 남편과 결혼식도 올렸다. 나와 꼭 같이 호적에 2년 늦게 오른 남편은 결혼 후 백 일도 안 된 딸을 두고 군에 입대해 버렸다. 가게가 너무 바빠 편찮은 친정어머니가 시골에서 올라와 아기를 봐주고 사위의 빈 자리를 채워 주셨다.

내 기억으로는 1980년대 말까지도 국제시장은 꽤 호황이었다. 빈 가게가 나오면 옆 가게들이 경쟁하며 사들였다. 복덕방까지 갈 것도 없었다. 우리도 그런 흐름에 따라 2공구와 3공구에 가게를 몇 개 사들였다. IMF 이후 시장의 열기가 차츰 식었다. 지방에서 오던 손님들이 교통이 좋아지면서 서울로 반 남짓 빠져나갔다. 공장에서는 같은 가격으로 나가기 때문에 도매가격은 서울이나 부산이나 같다. 오히려 서울은 매장의 세가 비싸 똑같은 제품이라도 부산보다 비쌀 수도 있을 것이다. 옷이 서울에 많다 보니 간 김에 잡화도 해 온다는 것이다. 국제시장 주차장 시설이 미흡했던 점도 손님이 발길을 돌리게 했다. 더구나 요즘은 인터넷 쇼핑몰이나 홈쇼핑에서 방안에 앉아 물건을 사는 시대가 아닌가.

다행히 영화 〈국제시장〉(윤제균 감독)을 우리 3공구 아래층인 '꽃분이네'에서 찍었다. 영화 '국제시장'은 흥남부두에서 한국의 통역관 현봉학 박사의 눈물겨운 부탁으로 '메러디스 빅토리

호'의 알몬드장군이 군수물자 25만 톤을 버리고, 그 대신 피난민 14,000명을 태워 부산과 거제도로 온 그 마지막 흥남 철수 장면으로 영화는 시작된다. 그리고 부산 국제시장의 피난살이, 파독 광부와 간호사들 이야기, 월남 전쟁 참전 때의 수없이 죽을 고비, 이산가족 찾기 등 눈물 없이 볼 수 없는 우리 현대사를 생생하게 그렸다. 1940년생인 어린 덕수라는 주인공이 흥남 부두에서 아버지와 헤어지면서 이 영화는 시작된다. 전쟁이 한창일 때 태어나 고생한 우리 또래들도 눈물 없이는 볼 수 없는 영화다.

영화가 신드롬을 일으키면서 우리 국제시장도 덩달아 떴다. 예전만은 못해도 도소매 손님이 꾸준히 발길을 잇는다. 관광객도 늘었다. 우리도 형편이 나아졌지만 인접한 깡통시장도 동시에 바빠졌다. 업에서 손을 놓고 싶어도 단골로 찾는 이들이 많다. 이곳에는 예순다섯 된 나보다 스무 살이 많은 사람도 아직 현역으로 뛰고 있다. 영화 국제시장 주인공 덕수보다 열 살이나 많은 셈이다.

국제시장에 발을 들여놓은 지도 어언 반세기다. 그 긴 세월에 장사가 잘돼 신나는 일만 있었던 건 아니다. 춥고 더워서 고생도 많이 했다. 일이 고돼 힘든 것은 고생이 아니었다. 양말 두 겹을 껴 신고도 발이 시렸다. 연탄 한 장들이 화덕에 불을 피워 발을 쬐다가 구멍을 내기도 일쑤였다. 화재 예방 차원에서 소방서에서 가끔 불시에 조사를 나왔다. '소방대원 떴다'고 하면 연탄 화덕을 달랑 들고 아래층으로 피신하기 바빴다. 얼마나 추웠으면 연탄불 피워주고 삯을 받는 가게도 있었을까.

1공구 하층 화장실 옆에 연탄불을 피워주던 가게 앞에는 아침이면 길게 줄을 섰다. 국제시장 1세대들은 아마 이런 호강도 다 못 누렸을 성싶다. 새벽 어시장에서처럼 드럼통 난로에 불을 지펴 언 손발을 쬐었을 게 뻔하다. 바람에 날리는 살아있는 불 때문에 화재 위험에 그냥 노출돼 있었다. 더위를 많이 타지 않는 나도 조금 한가한 여름이면 타월에 물을 적셔 밟고 앉아 재미난 책에 빠져 그나마 버티어 냈다.

우리 공구에 냉난방 시설이 된 것도 2000년 들어서다. 그동안 입주상인 회의를 거듭해도 반대하는 이들이 있어 실행하지 못했다. 목마른 사람이 샘을 판다고 조합장인 우리가 목돈을 냈다. 지붕 방수공사와 냉난방 공사부터 단행했다. 조합원들에게는 2년여에 걸쳐 든 경비를 나눠 받았다. 목돈을 내고 푼돈으로 돌려받은 희생을 감내한 셈이다.

업체 도매상 중에는 손님을 끌려고 별짓을 하는 이들이 있다. 우리 가게 단골이 어쩌다가 빠진 색상을 그쪽 가게에 구하러 가면 가격을 내려받아 손님이 항의하러 돌아왔다. 우리는 공장에서 정한 대로 원가에서 정확히 20% 이윤을 남겨 소매상에 판매한다. 도매상들은 점포세, 인건비, 세금, 조합회비, 전기세, 택배비, 냉난방비, 포장지 등 기타 비용을 모두 빼면 10% 안팎의 이윤이다. 거기다 공장에 반품되는 건 일부일뿐 재고도 많이 낸다.

오래된 재고는 반값에도 안 팔린다. 어디다 보내주기도 하고 모임마다 신제품과 섞어서 선물로 나눠준다. 하여 도매 가격보다 싸게 판매한다는 것은 있을 수 없는 일이다. 돈을 빼 도망갈 심사가 아니고선 그럴 수 없는 일이다. 결국, 그런 가게는 부도를 내고 잠적하거나 뻔뻔스럽게도 명의만 바꾸어 영업을 계속한다. 다른 가게에 없는 것은 바가지를 씌워 손님과 싸우기도 한다. 그러다 보니 같은 업종끼리 자주 부딪친다. 공장이 알게 되면 히트 상품도 얻지 못해 단골이 떨어진다.

당장 눈앞의 이익만 보이고 무서운 입소문은 팽개친 결과다. 남에게 손해를 끼치고 잘되는 이들을 여태 보지 못했다. 왜 그런 식으로 장사를 해서 주위에 피해를 주느냐고 가서 따졌다. 몇 번 충고해도 먹히지 않아 할 수 없이 공장에다 전화했다. 그때는 내가 중졸이고 그쪽은 고졸이라 학력 탓을 했다. 내가 못 배워서 공장에 전화질했다고. 이런 걸 두고 어불성설이라 했던가. 그때 생긴 오기가 그 바쁜 와중에도 야간으로 대학까지 나올 힘이 되어 주었다. 지금 생각해 보면 스트레스를 주던 그들 덕분에 공부를 무사히 마쳤음이 고맙게 여겨질 뿐이다. 그런 가슴속의 한이 없었다면 돈벌이가 바빠서 놓친 공부를, 뻔히 장사에 지장이 갈 줄 알면서도 다시 이어갈 엄두가 났을지 모르겠다.

국제시장에서 돈을 벌어 자식들을 다 키웠다. 국제시장에서 내 젊음을 다 보냈다. 열심히 오랫동안 일했더니 돈은 저절로 따랐다. 고향에서 빈손으로 나와 이 정도면 됐지 무엇을 더 바라겠는가. 국제시장을 위해 남편이 무료봉사 자리인 우리 공구 조합장을 7년 반이나 했다. 현재는 국제시장 전체 선거관리위원장 자리를 계속 유지하고 있다. 여기서 벌었으면 그만한 봉사쯤은 해야 옳다는 생각에서다. 바른 마음가짐에서 행복은 오는 것이라 믿는다.

오랫동안 국제시장을 믿고 찾아 주시는 손님들에게도 일일이 고맙다는 인사를 드린다. 언제 들어도 고맙고 정다운 이름 국제시장이여, 영원히 번창하라.

– 2015년 11월, 국제시장 개장 70주년에

덕성상회

봄이면 하늘하늘 봄 스카프 팔고
여름에는 손수건과 쿨 스카프, 부채 팔며
서늘한 가을엔 낙엽 색 스카프를
추운 겨울엔 도톰한 머플러와 숄
사계절 유행품을 팔고 있지만
유행을 타지 않는 딱 하나
오십 년째 버티고 있는 '나'라는 사람.

즐거운 퇴근길

걸어서 퇴근한 지 꼭 다섯 달째다. 이전에도 간혹 걸어서 다니긴 했다. 부러 맘먹고 하루도 빠짐없이 비바람이 부는 날도 걸어 다닌 적은 예전에 없던 일이다. 가게가 쉬는 일요일만 빼고 매일 걸어서 퇴근한다. 부산대교를 건너면 바로 보이는, 집에서 차로 5분이면 닿는 가게다. 퇴근할 때는 구경거리가 많고 안전한 영도다리로 다닌다. 가게에서 걸어서 집까지 빠른 걸음으로 삼십 분이 소요된다.

어떤 말에도 꿈쩍 않던 남편도 드디어 걷기를 시작했다. 남편 맘이 움직인 건 순전히 고향 친구 영향이다. 학교를 퇴직하고 하루 두 시간씩 걷는다는 친구 말에 충격을 받은 듯하다. 코로나 여파로 가게도 한가하고 따로 운동하는 것도 없으니 퇴근길이라도 제발 좀 걷자고 노래를 불렀다. 다 한 귀로 흘려듣던 남편이다. 아프던 엉덩이 쪽 통증이 심해지고 평생 걱정 안 한 체중도 올해 들어 최고치를 기록하니 어쩔 수 없었나 보다.

남편은 차로 나를 가게에 데려다주고 차는 도로 집에 갖다 놓는다. 다시 걸어서 가게로 출근한다. 퇴근 때는 둘이 같이 걸어간다. 보폭이 큰 그를 따라잡으려면 숨이 약간 차다. 운동엔 그 정도가 딱 좋다. 온갖 구경에 한눈을 팔면서도 걷는 일이 즐겁다. 출근 때도 걷고 싶지만 아침부터 땀을 흘렸다간 가게에서는 샤워도 할 수가 없다. 출근 때 기운을 뺄 수도 없고 일 준비로 마음도 바쁘다. 가게에서도 많이 움직이니 하루에 30분 운동이면 충분하다는 생각이다.

가게를 개업한 초창기엔 버스비를 아끼려고 걸어 다녔다. 월세 점포를 겨우 얻어놓고 한 푼이라도 절약하지 않으면 안 되던 시기였다. 왕복 두 시간 가까운 거리를 둘이서 걸어 다녔다. 그때는 지친 몸으로 걷는 게 힘들었다. 다행히 가게가 잘 돼 그렇게 걸은 기간은 짧다. 그때가 영도 신선동 산 아래 누님댁에 잠시 살던 신혼 초였다.

그곳에서 나와 국제시장 사거리에 전세방을 얻었다. 가게까지 가까운 거리라 출퇴근 길에 힘들게 걸어 다니지 않아도 되었다.

그 이후는 쭉 가게와 가까운 거리를 맴돌며 살았다. 바쁘고 피곤해서 건강을 생각해 일부러 걷는 게 쉽지 않았다. 나야 가게에서 많이 움직이니 운동 부족은 아니었다. 늘 카운터 자리에 앉아서 움직일 일이 적은 남편이 걱정이었다. 코로나로 매상이 반의반 토막 나고 이 상태로 일 년 반을 넘겼다. 평생 체중 걱정을 안 하던 남편 몸무게는 매상과 반비례로 올라만 갔다.

7백 가구가 조금 안 되는 우리 아파트 단지엔 밤낮으로 걷는 사람들이 많다. 삼십 년이나 잘 가꿔놓은 정원의 꽃나무를 동무 삼아 다섯 바퀴쯤 돈다. 저녁 식사 후에 걷자고 아무리 잔소리를 해도 남편은 들은 체도 안 했다. 결국, 나만 며칠 걷다가 그만두고 말았다. 그런데 고향 절친이 어떻게 설득했기에 걷기를 결심했을까. 요즘은 나보다 더 걷는 데 적극적이다. 비바람이 부는 날은 택시를 타자고 해도 막무가내다. 비 오는 거리를 걷는 게 얼마나 운치가 있느냐고 한다. 영도다리를 건널 때는 바닷바람이 세차게 분다. 그런 날이 절반에 가깝다. 그래도 둘이 앞서고 뒤따르며 걷는 퇴근길은 즐겁다.

국제시장에 있는 가게에서 남포동을 지나가면 곳곳이 구경거리다. 코로나가 덮친 일 년 반 동안 가끔 보던 거리 소공연도 사라졌지만 여기저기가 눈요깃거리다. 남포동을 지나 롯데백화점을 지날 때쯤이 어림잡아 퇴근길 절반 지점이다. 이 백화점이 끝나는 곳에 영도다리가 길게 늘어져 있다. 초여름부터는 해가 한 발이나 남아 퇴근길에 동무해 준다. 종일 가게에서 햇볕 한 자락 구경하지 못하는 나를 배웅하듯…. 해님도 내가 걷는 속도에 맞춰 멀리 산 너머로 천천히 퇴근한다. 퇴근길이 늦어지는 갈매기들을 부추기며 앞서거니 뒤서거니 하루를 닫는다.

다리 아래 풍경도 볼거리다. 겨끔내기로 지나가는 유조 보급선이나 바지 예인선, 큰 배 수리 작업선도 퇴근길을 서두르며 통통댄다. 가끔은 해양경찰 순시선도 태극기를 휘날리며 매의 눈초리로 뒤따른다. 긴 영도다리 끝에 다다를 때쯤이면 잠시 머뭇거린다. 다리 아랫길로 내려가 낚시꾼들의 쿨라를 구경할까, 반대편으로 가서 현인의 노래를 감상할까 해서다. 음악 감상이 취미인 남편은 출퇴근길 왕복 한 시간 노래 듣기도 모자라 영도다리 끝에 노래비와 함께 앉아 있는 현인의 발끝을 가끔 자극해 깨운다. 〈굳세어라 금순아〉의 '이내 몸은 국제시장 장사치다'라는 대목에 이르면 우리 부부는 약속이나 한 듯 따라 부른다. 국제시장에서 50년 넘게 살아낸 내 인생의 여정 같아 목울대가 울컥거린다.

몸도 마음도 잠시 쉬고 일어나 가던 길을 재촉한다. 저만치 우리 집이 보인다.

2020년 쥐띠 해에

2020년 쥐띠 새해다. 가족 중 쥐띠가 몇인가를 새삼스레 헤아려 보았다. 하나뿐인 언니, 나를 고대하던 할미로 승격 시켜 준 첫 외손자뿐이다. 그러고 보니 집안에선 귀한 쥐띠들이다. 벽두부터 신문에서도 쥐를 많이 부각하니 쥐 때문에 난리를 피웠던 일이 떠오른다.

오륙 년 전쯤 가게에 쥐 소동이 있었다. 지방 소매상 단골손님이 부친이 농사지은 햇곶감이라며 작은 상자 하나를 선물로 주고 갔다. 계절이 바뀌는 초겨울 바쁜 철이라 이 상자를 깜박 잊어먹고 퇴근했다. 다음 날 곶감을 찾으니 빈 박스만 남고 박스 안 알

맹이는 감쪽같이 사라졌다. 귀신이 곡할 노릇에 남편이 가게 안을 샅샅이 살폈다. 여기저기에 쥐가 물고 가다 흘린 증거가 포착됐다.

화가 치민 남편이 가게 구석구석을 뒤졌다. 밤새 서 씨네 가족이 옮겨놓은 곶감을 몰수했다. 쥐들이 물고 다닌 것은 어차피 먹지는 못한다. 하지만 실컷 먹고는 아무 곳에나 똥을 싸면 포장을 하지 않은 고급 제품들을 못 쓰게 되기 때문이다.

국산 스카프나 손수건은 고급일수록 낱개 포장을 하지 않는다. 대부분 열 장씩을 한 비닐에 한꺼번에 넣어 보내온다. 아마 전체 제품의 80% 이상이 그럴 것이다. 거기 비해 중국산은 단돈 천 원의 싼 제품들도 낱개로 포장되어 들어온다. 소비자들이 고급은 일일이 펴서 보고 사 가지만, 싼 제품은 대체로 단체 선물용이나 서비스용에 많이 나가기 때문이지 싶다. 고급일수록 소매상인들이 색상을 고르기 쉽게 진열장에 포장을 벗기고 진열한다.

쥐들이 실컷 먹고 배탈이라도 나 물똥을 갈기면 물건 다 버린다며 남편은 씩씩거렸다. 이참에 쥐새끼들을 다 잡아야겠다고 난리를 피웠다. 당장 쥐 잡는 큰 찍찍이 덫을 가게 안 몇 곳에 놓았다. 다음 날 가게 문을 열어 보니 커다란 쥐 한 마리가 찍찍이에 붙어 있다. 밤새 빠져나오려고 얼마나 발버둥을 치며 끌고 다녔는지 가게 안 물건들을 꽤 버려놓았다. 이웃들이 간혹 단체로 쥐덫을 놓을 때도 나는 놓지 않았다. 쥐로 인한 피해가 그동안은 없었기 때문이다. 그러나 연달아 피해를 당하고 보니 그냥 넘어갈 일도 아니었다.

화난 음성으로 쥐에게 경고했다. "너희들 그동안 가게에 별다른 해를 안 끼쳤기에 어둑한 공간에 대를 이어 사는 줄 알면서도 눈감아 주었다. 아래층이 과자 집이라 먹이 걱정은 없는 줄 알았다. 그런데 비누까지 갉아 먹는 너희가 안쓰러워 먹이와 물까지 슬쩍 놔두고 간 적도 있지 않더냐. 그러나 두 번이나 피해를 봤으니 앞으로는 안 된다. 남편이 끝내 너희를 다 잡을 테니 빨리 이곳을 떠나라. 다 죽기 싫으면 밤에 다 떠나거라."라고 거듭 경고했다.

매일 손님과 하는 얘기를 숨죽여 들었을 터라 내 허스키 음성을 알아들으리라 여겼다. 설령 말뜻을 못 알아들어도 저들 지은 죄가 있고, 화가 난 내 음성은 평소와 달랐을 테니까.

그래도 설마 했다. 다음 날 가게 문을 열어 보고 깜짝 놀랐다. 고급 면 스카프가 누드로 진열된 한 줄을 쥐들이 물어뜯어 놓았다. 상품 수십 장을 못 쓰게 되었다. 곶감을 도로 빼앗고 자기네 가족을 덫으로 잡은 앙갚음이라도 한 것일까. 그러고는 거짓말같이 다 도망을 가버렸다. 이웃이 안 봤다면 지어낸 얘기같이 믿지 않을 수도 있겠다.

그 일을 잊을 만한 일 년 후쯤 다시 쥐똥이 보이기 시작했다. 신기한 것은 예전처럼 비닐로 포장된 물건 위나, 직접 피해를 주지 않는 구석진 공간에만 똥을 누었다. 이런 쥐의 명석함이 신기했다. 이런 내용은 나의 첫 수필집『국향과 어머니』에「쥐도 말을 알아들을까」란 제목으로 실려있다. 쥐띠 해에 다시 쓰는 이 글은 쥐 2편인 셈이다. 그 글을 읽은 가까운 이들은 가끔 요즘은 쥐가 없는지 묻는다. 해서 그 궁금증을 풀어 놓는다.

부산 국제시장은 올 10월이면 개장 74주년을 맞는다. 우리는 시장 중앙에 자리한 다닥다닥 붙은 이층 낡은 가게다. 그러니 쥐새끼들이 온 시장을 활개치고 돌아다닌다. 그 당시 우리 가게 쥐 사건은 이웃이 다 아는 사실이다. 쥐들이 물어뜯어 놓은 고급 스카프가 아까워 옷 수선집에 가져가 그 부분을 잘라내고 작은 스카프로 만들어 주변에 나눠주었다. 그러고도 여태 진열장을 뜯어내 수리하지 않고 있다. 일흔 살까지, 늦으면 남편이 일흔인 내년까지만 일하고 가게를 접자고 남편과 오래전에 약속한 게 있기 때문이다. 가게를 넘기게 되면 새 주인 취향대로 환하게 수리할 것이다. 우리는 어쩌다 보니 개업 46주년인데도 그간 한 번도 수리하지 않았다. 그러니 사람의 눈과 손이 닿지 않는 진열대 아래쪽 어둑한 공간은 쥐가 살아가기 딱 좋은 보금자리인 셈이다.

올해는 쥐띠 해다. 쥐는 인간에게 피해를 주지만 병원 연구실에서는 없어서는 안 될 귀한 존재다. 인간 몸의 생태 구조가 동물 중에 유전적으로 제일 닮은 게 쥐란다. 그러니 인간 생명 연장을 위해 많은 쥐가 실험실에서 죽어간다. 병원 연구실에서 금수저를 물고 태어난 쥐는 마리당 이천 만 원을 호가한다고 들었다. 귀하게 태어난 그 쥐들도 결국 인간을 위해 살다가 제 명대로 못 살고 간다. 생각하면 고맙고 안쓰럽다.

쥐는 대부분 천덕꾸러기다. 예부터 사람들이 애써 가꿔놓은 곡식을 훔쳐 먹고, 전염병을 옮기기에 그럴 것이다. 조물주가 그렇게 살아가라고 점지했는데 이게 과연 그들만의 죄일까. 너무 박대하지 말았으면 좋겠다. 이 세상의 생명은 다 존귀하다. 쥐띠 해에 쥐를 잠시나마 생각해 본다.

금싸라기 휴가

국제시장 여름휴가는 단체로 쉬는 단 삼일간이다. 휴일이 포함되면 실제 휴가는 이틀뿐이다. 이 여름휴가 때 국제시장 우리 공구가 단체로 쉰다. 구정과 추석을 제외하고 일 년에 한 번뿐인 휴가다. 이 소중한 시간을 어떻게 보낼까 생각하다가 코앞에 닥친 문제부터 해결하기로 맘먹었다.

휴가 첫날인 금요일은 우리 부부가 그간 미뤄왔던 병원에 다녀왔다. 남편이 오래전에 돌아눕다가 삐끗했다. 그 일 후 오래 서 있거나 조금만 걸어도 엉덩이 쪽 골반이 아프단다. 여러 곳에서 검사도 해봤다. 다들 이상이 없다고 했다. 병원 치료를 포기하고 한의원에 다녔다. 끈기 없는 남편은 그것도 포기했다. 불편을 견디며 몇 년이 흐르고 나이가 든 요즘 들어 더 불편해한다.

얼마 전 장거리 시내버스를 탔다. 퇴근 시간이라 차가 밀리는 와중에 대여섯 살쯤으로 보이는 손자와 함께 타는 할머니가 있어 자리를 양보했다. 천장에 매달린 손잡이를 오른손으로 잡고 있는데 차가 급정거해 오른팔에 힘이 많이 실렸다. 다음날 오른 쪽 어깨가 아파서 파스를 붙이고 다녔다. 평소에도 무거운 짐을 많이 든 날은 양쪽 어깨가 아파 파스를 종종 붙이긴 했다. 후로도 낮에는 일하느라 모르다가 밤이면 어깨가 욱신거려 잠들기가 힘들었다. 인대가 파손되었나 하는 걱정이 되었다.

비싼 보험료 내는데 이럴 때 써야지 싶었다. 한데 남편은 본인도 병원에 가기 싫다고 하고 나까지 못 가게 한다. 운동선수들이 쓴다는 박스 테이프를 이 삼복더위에 어깨부터 팔 중간까지 쭉 붙여 준다. 그래도 낫지 않으면 병원에 가란다. 몇 푼 안 되는 병원비 때문이 아니다. 손님이 드나드는 가게를 비우면 불안하고 실제로 지장이 크기에 나도 차일피일 병원 방문을 미루던 터다.

휴가 첫날, 통증을 잘 본다는 병원으로 남편과 같이 갔다. 막상 가서 간판을 보니 정형외과가 아니고 통증클리닉이다. 의사는 내 어깨와 팔을 눌러 본다. 안 아프다고 했더니 무거운 것을 당분간

들지 말고 물리치료를 좀 받아보란다.

다음은 남편 차례다. 시티촬영까지 했다는 남편 설명에 의사는 별다른 검사도 하지 않았다. 장님이 코끼리 더듬듯 여기저기 골반 주변을 만지더니 물리치료를 좀 해 보잔다. 병원 간판이 코끼리 클리닉이라 그럴듯해서 웃음이 피식 나왔다. 나도 남편도 의사의 별거 아니라는 친절한 설명만으로도 다 나은 듯 만족하고 물리치료를 며칠 받아보기로 했다.

휴가 둘째 날, 음력으로 7월 초하루다. 매월 초하루면 출근길에 신선동 산기슭 영화사에 들른다. 늘 부처님 앞에 번개 예배만 올리고 눈도장만 찍고 가게로 직행한다. 오늘은 마침 초하루에다 백중 기도를 올린 지 오재 되는 날이다. 영가를 아홉 분이나 올려놓고는 마지막 회향하는 날인 백중에만 찾아가 돌아가신 영가들께 늘 죄송했다. 오늘은 재를 다 지내고 돌아왔다. 가게 휴가가 안성맞춤으로 든 덕분이다.

벌써 휴가 마지막 날이다. 가게 휴가만 기다리고 있던 고향 동창 부부들과 가덕도 혜덕사로 갔다. 이 절에도 우리 가족 아홉 명 모두를 인등에 올려놓았다. 영도 영화사도 이곳 혜덕사도 비구니 스님들만 계신 절이다. 이곳에서 상좌스님이 끓여주시는 차를 소꿉 장난감 같은 찻잔에 연거푸 얻어 마시고 내려왔다.

바닷가로 내려가 바닷물에 발을 담갔다. 이곳 대항동 해안가엔 인공 동굴이 여러 개 있다. 제2차 세계대전 말에 일본군이 조성한 곳이다. 전국 광산 기술자와 조선인들을 징발하여 구축했다는 기록이 있다. 우리는 접근이 쉬운 동네 앞 동굴만 관람했다. 절대로 잊어버리면 안 될 역사의 장으로 잘 보존했으면 싶다.

넓은 바다가 집 앞에 펼쳐진 풍광이 멋진 식당으로 친구들을 안내했다. 퇴직해 무료해진 그들에게 점심을 대접하고 옆 동네 천성동으로 갔다. 천성동에는 가덕도가 부산시로 편입되기 전인, 30여 년 전에 사 둔 천 평의 산이 있다. 우리 땅이라지만 아직 한 발 디뎌보지도 못한, 순전히 속아서 산 임야다.

일이 한창 바쁜 겨울에 같은 업종의 2공구 옆집 여사장이 내게 제안했다. 임야 좋은 게 있는데 돈이 모자라 그러니 삼 분의 일만 우리가 사라고. 남편더러 현지를 살펴보고 오라고 했다. 배를 타고 가서는 산 밑에서 손짓으로 저기다 해서 그리 알고 계약하고 왔단다. 나중에 알고 보니 사람 잘 믿는 우리가 바가지를 쓴 것이다. 그것도 삼천 평에 올려진 사람들이 다 모여서 팔아야 제대로 된 값을 받을 수 있다나 뭐라나. 같은 업종인 손윗사람이 좋다며 권한다고 믿은 게 탈이었다. 돌도 두드려 보고 건너가라는 말을 예사로 여긴 탓이다.

우리를 속였던 그 사람은 그 몇 년 후 국제시장 2공구에 불이 났을 때 자기 가게를 홀랑 다 태워 먹었다. 연이어 다른 일로 구속되어 감방 생활도 했다는 말이 나돌았다. 속은 사람은 지나고 나서 무지했던 자신만 돌아보면 된다. 그러나 남을 속인 사람은 덮치는 불운에 자신을 돌아보는 계기가 될 것이다. 인간사 모두가 사필귀정이라 하지 않던가.

고향 친구들과 그 산 밑에 멋지게 꾸며놓은 정자에 앉았다가 누웠다가 오후의 휴가를 즐겼다. 부산은 며칠째 35도를 오르내리는 111년 만에 찾아온 찜통더위인데 가덕도는 일본으로 가는 태풍 영향으로 바람이 시원하다. 여기가 천국이라며 입을 모았다. 친구들에게 바닷바람 솔바람까지 한껏 대접하고 아쉬운 자리를 떴다. 황금 같은 삼일 휴가가 눈 깜빡할 사이에 지나가 버렸다.

선물하는 마음

출근하면 전화기를 꺼내 컴퓨터 옆에 둔다. 카톡카톡 하고 전화기가 들썩거려도 가게 정리가 끝날 때까지는 그냥 내버려 둔다. 소매상 손님들이 오기 전에 공장에서 온 물건을 풀어서 제자리에 정돈한다. 전날 팔고 내놓지 않은 제품도 안쪽에서 꺼내 진열한다. 급한 일이면 전화로 하겠지 하고 2호점, 3호점으로 바쁘게 돌아다닌다.

답답한 남편이 내 전화기를 열어 본다. 남편과 내 전화기로도 카톡이나 문자로 주문이 들어오기 때문이다. 그제야 급히 전화기를 받아 든다. 오늘이 경자년 정월 초이틀이다. 어제는 양력설이라고 쉬었다. 그런데도 아직 주문은 없고 모임을 알리는 카톡만 줄지어 날아든다.

내일은 고향 친구들 부부 모임, 모레는 중학 동창회, 다음 주 금요일은 대학 동창회가 있다는 메시지다. 지난 휴일엔 을숙도 동인회 모임이 있었다. 고등학교 동창회는 여자들이 시나브로 다 빠지고 내가 맨 끝까지 남았다가 남자들 틈에 홍일점으로 앉았기도 뭣해 겨우 빠져나왔다. 큰딸 과학고 어머니들 모임은 평일 낮 모임이라 여름이 아니면 참석할 수 없다. 빠진 지 오래되었다. 시집 친지들 모임은 6개월에 한 번 일요일이니 괜찮다. 친정은 다 서울에 살고 있어 따로 모임이 없다. 부모님 제삿날이 형제들이 다 모이는 날이다. 고향 동네 남편 친구들의 전국 부부 모임이 일 년에 한 번이니 모임 축에도 못 든다. 매달 만나던 모임을 두 개나 탈퇴했는데도 모임이 줄줄이 땅콩처럼 엮여 있다.

어느 모임이고 간에 가게에 지천인 선물을 챙겨간다. 그래서인지 모임 날짜가 빨리도 다가오는 느낌이다. 마치 빚쟁이에게 이자 낼 날이 다가오듯 한다. 선물 챙겨오라고 누가 강요해서도 아니다. 처음부터 그래 왔기에 사람들은 응당히 내 손엔 선물이 들려 있을 거라 기대하는 눈치다. 친척이나 지인들이 실망할까 봐, 손이 부끄러워 그냥은 못 간다. 아니 상대는 그렇게 생각을 안 할지도 모른다. 스스로 선물해 온 오랜 습관이고 나눠주고 싶은 그런 병이지 싶다.

여름에는 손수건, 부채, 쿨 스카프 등을 챙겨간다. 봄가을엔 대부분 스카프다. 겨울은 머플러가 무거워서 종종 남편의 도움도 받는다. 처음에는 남편도 많이 가져간다고 잔소리가 심했다. 이런 나를 말려도 안 되니 언제부터인지 포기한 것 같다. 뭐든지 많이 나가야 많이 들어온다는 내 말에 두 손 다 든 모양이다. 설상 잔소리를 해도 안 챙겨 갈 내가 아니다. 남편은 한가하면 본부 카운터에 앉아 졸거나 뭘 먹거나 휴대폰 게임에 빠져 있다. 음악 감상에 빠져 있을 때도 많다. 가게 일에는 별로 신경 쓰지 않는다. 하여 앞 가게, 옆 가게에 얼마든지 챙겨뒀다가 슬쩍 들고 나가면 그만이다. 많이 퍼주다 보니 많이 들어온 것도 사실이다. 국제시장 같은 업종 중에서는 장사를 제일 잘한 축에 드는 걸 봐도 그렇다.

고향 선배가 단체로 외국 여행을 간다고 손수건이나 스카프 찬조를 부탁해도 흔쾌히 박스째 챙겨 보냈다. 방송통신대학교 시절 문학기행 때는 손수건을 학년마다 색상을 달리해 선물했다. 전 학년 선후배가 구별되게 몇백 장을 선물했다. 공짜로 퍼주는 일에도 이력이 난 게 틀림없다.

이런 나를 두고 남편이 하는 말이 있다. 간도 안 아프면 떼어줄 거라고. 결혼하기 몇 달 전부터 가게를 개업해 내가 명색이 사장이다. 남편이 사장인 나를 내쫓을 수도 없다. 바쁜 철에도 나는 혼자 해낼 수 있어도 남편은 나 없이는 하루도 일을 감당하지 못 한다. 그러니 할 수 없이 눈감아 주는지도 모른다. 남편도 이제는 선물하는 마음에 동의한 게 아닌가 싶다.

그동안 여러 곳에 선물한 스카프, 머플러 양이 트럭으로 몇 대나 될성싶다. 옛날에 경기가 좋을 때는 공장에서 전 해 재고를 떨이해 오기도 했다. 색상이 잘 맞을 때는 제값을 받고 구색이 빠지면 반값으로 팔았다. 그래도 남으면 양로원이나 보육원까지 실어다 주었다.

20여 년 전부터는 세상이 급속도로 변했다. 유행에 무척 민감해졌다. 두어 해 지난 물건은 팔리지도 않는다. 우리도 재고는 일절 사지 않는다. 한 해에도 유행이 몇 번이나 롤러스케이트를 탄다. 작년 게 재고가 남아도 다 퍼주다 보니 오래된 재고는 별로 없다. 선물할 때도 재고 하나에 신제품 하나씩을 섞어서 준다.

얼마 전부터는 매달 하던 모임 세 곳이 두 달에 한 번씩으로 바뀌었다. 남편 모임도 그렇게들 횟수를 줄이는 걸 보니 자식들을 출가시킨 연령대의 추세인가 보다. 모임은 관계를 유지하는 목적으로 하고 차츰 사생활에 집중하는 듯하다. 현명한 선택이라고 본다. 오랫동안 매달 하던 모임을 격월로 바꾸는 데 반대하는 이들도 있었다. 누군가가 그 건을 먼저 제안하면 쌍수를 들어 환영했다. 모임에 빼기는 시간에다 선물을 들고 가야 하는 부담이 있는 까닭이다. 갈 때는 무거워서 택시를 타고, 올 때는 두 번 갈아타기 싫어 또 택시를 탄다. 모임이 줄면 부담하는 선물도 줄어든다는 얄팍한 계산도 분명 있었으리라. 가게를 접지 않는 한 선물은 계속 나갈 것이기에.

선물하기 시작한 나름의 이유가 있다. 손님이 도매가로 떼어간 물건을 소매상에서는 곱으로 파는 것을 알기 때문이었다. 경쟁이 심한 다닥다닥 붙은 재래시장이나 지하상가들은 대부분 박리다매다. 그러나 백화점이나 비용이 많이 나가는 고급 매장에서는 배 이상 차익을 볼 거라는 짐작이다. 크리스마스나 해가 바뀔 때쯤이면 선물들을 한다. 그런 선물하는 문화가 몸에 배어서인지도 모른다. 늘 바쁘다는 이유로 귀찮은 총무 자리를 한 번도 맡지 않은 미안함도 한몫했지 싶다.

어떤 날은 무거운 짐을 들고 지하철을 타고 모임 장소까지 걸어간다. 나눠 줄 무거운 책도 들었으니 팔이 아프다. 왜 이렇게 사서 고생을 하나 하는 생각도 든다. 이제는 무거워서 선물을 못 가져오겠다 하니 젊은 축들은 역까지 마중도 나온다. 선물을 챙겨오라는 말보다 무섭다.

지난겨울엔 지인의 돌아가신 시어머니를 문상하면서 회원들 머플러를 챙겨갔다. 날씨가 춥기에 별생각 없이 그랬다. 그 후 모임 때 내가 준 머플러를 쓰고 온 동기를 보고 어디서 났느냐고들 난리다. 모두의 시선이 나에게 멈췄다. 보나 마나 싶은 게지. 그날 날이 춥기에 재고 남은 걸 갖다줬다고 하니 참석하지 못한 회원들도 달라고 한다. 다 팔지 말고 다음에 꼭 가져오란다. 이렇듯 좋아하니 들고 가는 팔은 아프고 고생스럽지만, 주는 마음은 흐뭇하다.

얼마 전에 읽은 글귀 하나가 떠오른다.

'한 싹이 고개를 들고 해에게 물었다. 행복은 어떻게 얻을 수 있나요? 해가 말했다. 베풀면 베풀수록 행복하지, 너에게는 너만의 향기가 있으니 그것을 베풀어라.'

나는 누구에게 나눠줄 지식도 모자라고 어디 가서 봉사할 시간도 없다. 내게 있는 것이라도 좋아하는 이들에게 선물로 주고 싶다. '누구' 하면 모든 이가 '아, 그 선물쟁이' 하는 단어가 저절로 떠오르게 말이다.

선물이란 받을 때보다 주는 마음이 더 행복하다는 걸 매번 느낀다. 선물을 받고 기뻐하고 고마워하는 마음을 늘 선물로 받아오니까.

얼떨결에 타게 된 벤츠

새해 벽두에 이변이 생겼다. 구정도 코앞으로 다가와 서울에 사는 딸네 집과 양평의 친정 부모님 제사에 들렀다 올 궁리를 하던 중 새 차를 사게 됐다. 올해부터는 십 년이 다 된 차는 미세먼지 때문에 서울로 가려면 배기가스 저감장치를 장착해야 한단다. 차도 노후해 몇 군데 수리하려면 목돈이 든다고 했다. 그럴 바에야 차라리 새 차를 사는 게 낫겠다고 의견을 모았다.

먼길 가다가 고장이라도 나면 어쩌나 하는 불안도 한몫 거들었다. 내가 눈여겨본 차는 이웃이 새로 바꾼 모하비다. 그러나 남편은 막무가내로 벤츠 S350으로 하겠단다. 평소 허례허식은 담

쌓은 사람이라 처음엔 그냥 해보는 소리로만 알았다. 한데 다음날 이웃 친구인 벤츠 딜러와 시운전을 해보더니 나이 들면 안전을 위해 좋은 차를 타야 한다며 덜컥 주문해 버렸다.

내가 일흔인 올해 말까지만 가게를 하고 일을 접자고, 오래전에 남편과도 약속했다. 일을 더 하고 싶어도 남편이 그만하자고 한다. 그가 도와주지 않으면 나 혼자서는 힘들어서 하지 못한다. 해서 연말을 앞두고 가게를 인수할 사람을 알아보리라 맘먹고 있던 중이다. 가게를 접으면 좋은 차 타고 그동안 못 다닌 국내 여행도 많이 다니자고, 남편이 늘 말하긴 했다. 그래도 이런 외제차를 고집할 줄은 뜻밖이었다. 평생 우리와 함께한 차 다섯 대를 다 합친 가격보다 훨씬 비싼 가격이다.

첫날에는 극구 반대했다. 남편은 그 차를 사고 싶었는데 지금이 딱 적기란다. 물러설 기미가 없다. 나이가 더 들면 신차의 복잡한 구조를 익히기도 어렵고, 내가 고생을 많이 했으니 당연히 이런 차 탈 자격이 있다나. 자식들도 다 잘살고 있으니 재산을 많이 남겨 줄 필요도 없고, 우리도 좋은 차 좀 타 보잔다. 듣고 보니 그럴듯하다.

내가 쓰는 컴퓨터는 구형이다. 불편을 감수하고 쓰고 있다. 그런 비싼 차를 사느냐고 했더니 이참에 컴퓨터도 새로 사란다. 가게도 하고 싶으면 계속 더 하잔다. 자기도 더 열심히 하겠다고 살살 꼬드긴다. 당신은 시간만 나면 글 쓰는 데 푹 빠져 있지만 나는 무슨 낙에 사느냐고도 한다. 듣고 보니 틀린 말도 아니다. 똑 부러지게 반대할 명분이 없다. 결국 양보했다.

1월 14일, 새까만 벤츠가 날렵한 몸매를 뽐내며 집으로 왔다. 마음이 변할까 서둔 것인지 주문한 지 열흘도 안 된 때다. 새 차가 온 날이 마침 손 없는 날이라기에 간단한 고사상을 준비했다. 그동안은 고사를 지낼 때마다 돗자리만 폈는데 이번엔 아파트 안이라 상을 차렸다. 비싼 차라 나도 모르게 대우를 한 것일까. 초대한 손님이 없었기에 음식은 간소하게 차렸다.

집에 새 차가 올 때마다 고사를 지냈다. 예전엔 아파트를 나서면 사방에 있는 바닷가에서 고사를 지냈다. 이제는 번거로운 것도 다 싫다. 친구도 부르지 않고 우리 부부만 조용히 아파트 정원 한쪽에서 고사를 지냈다. 차린 음식은 경비실로 보냈다. 그러고는 실에 북어를 묶어 차 뒷바퀴에 매달고 남항대교, 부산대교, 영도다리를 거쳐 송도바닷가로 고사 뒤풀이를 한다고 돌아다녔다. 이승과 저승을 상징한다는 다리를 몇 개 건너며 통과 제의 같은 무사고 염원을 담는다.

신혼 때 산 첫차가 중고 프라이드다. 두 번째부터는 모두 신형

차다. 코란도 패밀리, 무쏘, 쏘렌토다. 이번에 마지막으로 보낸 차가 액티언 스포츠카다. 십 년 주기로 차를 바꿀 때마다 동생네나 친구네에 그냥 주었다. 이번에는 차가 몇 곳에 이상이 보여 인터넷 중고차 판매소에 전화했다. 다음 날 중고차 딜러가 와서 검사소에 가 정밀 검사를 하고 수리비를 빼고 차를 가져갔다. 차를 십 년 가까이 타고도 살 때 값의 십 분의 일을 주고 간다. 차에 조금이라도 이상이 감지되는 이상 동생들이나 지인에게 줄 수는 없다. 처음으로 돈을 받고 팔았다. 이참에 5년이나 정들었던 오토바이도 함께 처분했다. 모두 속전속결이었다.

번쩍거리는 벤츠를 타고 이틀째 출퇴근했다. 내 평생 이런 차를 타 볼 줄은 상상도 못한 일이다. 첫날은 몸에 맞지 않은 옷인 양 조금 어색했다. 그동안은 차를 집에 두고 휴일 외출 때나 먼길 갈 때만 탔다. 5분이면 닿는 가게로는 늘 오토바이를 타고 다녔다. 이제는 차를 집에 모셔놓고 유지비만 낼 게 아니라 산뜻한 새 차로 출퇴근하기로 했다.

명품 가방이나 명품 옷 하나 사지 않는 우리를 보고 이웃들은 그랬다. 사 입을 능력이 되는데도 너무 절약하면 경제가 안 돌아간다고, 비싼 옷도 좀 사 입으라고. 그러면 우리는 입을 모아 답한다. 명품 차나 옷, 백을 사는 이들은 부자 부모를 둔 이들이고,

우리는 부자 부모가 없으니 비싼 것은 안 산다고 어느 인사의 말을 인용한다. 우리 동네에서는 비싼 옷을 입지 않아도 우리 수준을 다 아니까 괜찮다. 또 멀리 출타하면 우리가 누군지 아무도 모르니 남루하지 않고 깨끗한 옷이면 된다. 구태여 남을 의식해 고급으로 치장해 낭비할 필요가 뭐 있냐고, 앞서간 선지식인들의 말을 인용하기도 했다. 그랬던 우리가 아무래도 큰일을 저진 것 같다.

이번에는 이웃들이 눈을 동그랗게 뜬다. 오토바이가 갑자기 벤츠로 바뀌니 로또라도 걸렸나 생각할 수도 있겠다. 그러나 일흔부터는 오토바이는 안 타겠다고 진즉에 남편에게 선언했다. 위험하거니와 보기에 안쓰러워하는 사람들 시선도 달갑지가 않다고. 오토바이는 남편이 소매상에 물건 배달할 때 타는 필수품이었다. 그러나 곧 일흔인 남편에게 오토바이는 위험하다. 해서 오토바이를 타지 않겠다는 그의 약속에 사고 싶은 차를 사라고 하루 만에 수긍했다.

남들은 사장입네 하고 종업원만 부릴 때 우리는 사장과 종업원을 겸직했다. 많지 않은 재산이지만 각자 직장에 다닌 세월까지, 50여 년간 흘린 땀의 대가다. 그래봤자 노후대책을 마친 정도지만 어려웠던 지난날에 비하면 마음만은 늘 부자다. 자신 있게 말할 수 있는 건, 우리 자신에게는 검소해도 이웃이나 친구, 가족에게는 항상 베푸는 마음으로 살았다는 점이다. 형제가 많아 밑 빠진 독에 물 붓듯 도와주지는 못했다. 하지만 내 소득 한도 내에서 도왔고 주변 어려운 이들을 외면하지 않았다.

고급 차를 타니 사방에 세워진 차들에 자꾸 눈길이 간다. 우리 도매시장에도 벤츠는 눈에 띄지 않는다. 우리보다 살기가 나은 이가 더러 있는데도 모두 검소하게 살고 있다. 다들 고생하며 번 돈이라 예전에 우리가 그랬듯이 함부로 쓰지 않는다.

새 차가 왔을 때 남편이 말했다. 좋은 차 사줘서 고맙다고. 가슴에서 우러난 말일 것이다. 내가 말했다. 여느 집처럼 남편이 증권을 해서 목돈을 날린 적도 없고, 돈 관리를 잘 해줘 주는 상이라고. 그리 원하는 차를 안 사주고 행여 당신이 먼저 가기라도 하면 평생 한이 될 것 같아 더 반대하지 않았고 당신 덕분에 나도 고급 차 타게 됐으니 고맙다고…. 얼떨결에 타게 된 벤츠지만 남편이 좋아하는 걸 보니 나도 덩달아 기분은 좋다.

좋은 집과 더불어 독일산 승용차가 부의 상징이라든가. 우리는 아파트도 중산층급이다. 안 타던 고급 차를 타려니 사람도 거기에 맞춰야 하는 건 아닌가 돌아보게 된다. 앞으로 옷을 고를 때도 차와 수준을 맞춘다며 들었다 놨다 망설이지는 않을까. 고급 차를 사기 전에는 미처 생각지 못한 일이다. 얼마 남지 않은 생애, 집에 있는 옷이면 충분할 거로 생각했다. 겉옷이라도 차와 구색을 맞춰야 하나, 별생각을 다 해 본다.

어쨌든 2020년 쥐띠해에는 새 식구 벤츠와 함께 마음만이라도 가뿐하게 날아보려 한다.

오빠를 연화세계蓮花世界로 보내고

다섯 살 위 오빠 한 분이 계셨다. 오빠와 세 살 위 언니, 다섯 살 아래 여동생 하나가 내 핏줄의 전부다. 오빠는 어머니가 아들 둘을 돌림병으로 잃고 어렵게 가진 외아들이라 애지중지하며 키웠다.

이 오빠가 일곱 살 때 아버지가 병으로 돌아가셨다. 내가 첫돌이 되지 않아서다. 그때 어머니가 서른세 살, 아버지가 서른여섯이었다. 청상으로 남겨진 어머니는 당장 아이들과 먹고살아야 했다. 주저앉아 슬퍼할 여유조차 없었단다. 유산으로 남은 읍내의 기와집 일부를 세 놓고 채소를 받아다 팔았다. 그러기를 5년여, 힘들게 모은 목돈을 언니 동생 하며 지내던 이웃에게 몽땅 떼였다. 삶의 의욕도 잃었다. 그렇게 되자 전부터 중매가 들어오던 곳으로 재혼하게 되었다.

내가 일곱 살 때 새아버지 동네로 이사했다. 읍에서 걸어 20분 거리인 반촌이었다. 새아버지는 오십 중반에 이미 두 아내를 사별한 처지였다. 해서 어머니는 살림 합치는 걸 꺼렸다. 새아버지의 본가 바로 위에 우리 집을 마련했다. 새아버지에게도 배다른 자식이 다섯이나 있었다. 어머니에게도 삼 남매가 딸려 있었기에 집을 따로 장만한 건 서로에게 탁월한 선택이었지 싶다.

오랜 아버지 병시중에 타 나온 논밭도 다 날렸다. 남은 재산인 읍내 기와집을 팔아 시골의 초가집과 논밭을 샀다. 아버지는 어머니와 재혼하는 조건으로 물 대기 좋은 논 두 마지기를 주셨다. 하지만 어머니와 혼인신고를 할 수 없었기에 그 논은 새아버지에게서 난 동생이 크면 이전해 줄 것이라 약속하고 등기 이전도 못한 채 농사만 지어 먹었다. 우리 삼 형제가 있기에 그 논은 자기 핏줄인 딸 몫으로 남기고 싶었을 게다.

오빠는 읍내 중학을 마치고 국제시장 메리야스 도매상에 취직했다. 몇 년간 착실하게 지내더니 난데없이 고향인 고성읍으로 내려왔다. 어린 스물둘의 나이에 메리야스 도매상을 차렸다. 술과 친구를 좋아해 놀러 다니길 좋아했으니 가게 문을 닫는 날이 많았다. 외상을 사방에 퍼주고는 못 받는 곳도 늘어갔다. 개업한 지 두 해 만에 몽땅 털어 넣고 문을 닫았다. 아니 빚만 남겨놓고 서울로 가버렸다. 그게 오빠의 첫 사업 실패였다.

그때가 1968년 늦봄이었다. 나도 오빠와 언니가 있던 국제시장 도매상에서 일하고 있을 때다. 막 야간여중 2학년에 올라갔는데 다시 시골로 내려가야 했다. 그러잖아도 병치레가 잦던 어머니가 오빠의 실패에 충격을 받고 몸져누우셨다. 오빠가 저진 일로 우리 논밭도 다 날아갔다. 후에 어머니 반지까지 챙겨 갔단다. 아들을 위해 새벽마다 장독간에 정화수 떠 놓고 빌던 어머니의 마음은 얼마나 아렸을까.

작달막하나 잘 생겼던 오빠가 서울에서 쭉쭉 빵빵 미인을 만나 결혼했다. 서울 친언니 도움으로 도매상을 하며 잘사나 했다. 삼남매를 두고 집을 나간 올케언니와 결국 이혼하고 다시 부도를 냈다. 부부가 어린 자식들을 두고 헤어지는 건 정말 무책임한 일이다. 누구에게 잘못이 있었는지 모르지만, 이혼이란 부부가 똑같아서 헤어진다고 생각한다.

올케언니 가출 후, 서울 사는 언니와 수소문해서 강화도까지 올케언니를 찾아갔다. 짐승도 어린 새끼들을 두고 도망가지 않는다고 집 나간 이유를 물어도 고개 숙인 채 아무 말이 없다. 시골에서 자라면서 경험한 이웃집 얘기도 했다. 송아지를 어미에게서 떼어 팔았더니 어미 소가 며칠이나 울어 목이 다 쉬더라고. 남편에게 불만이 있어도 자식들 보고 다시 돌아가자고 둘이 번갈아 설득했다. 통사정했지만 생각해 보겠다고 할 뿐 묵묵부답이었다.

지금 생각해 보면 올케는 올케대로 속상함이 있었던 것 같다. 나와 동갑인 올케가 교통사고를 겪은 후 우울 증세를 보였다고 했다. 오빠는 바깥일이 바빴을 테고 혼자 아이 셋을 돌보다 증세가 심해졌는지도 모를 일이다. 요즘처럼 우울증이라는 병명도 생소하던 때다. 멀리 있어 올케를 보살피지 못한 책임이 우리 모두에게 있는 건 아닌가 하는 미안한 생각도 든다. 조카 삼 남매가 아직 어렸다. 우리 집에 계시던 어머니가 서울로 올라가서 애들을 한동안 돌보았다. 하지만 어머니도 몸이 아파서 오래 계시진 못하셨다.

우리 부부도 젊었을 때는 성격이 맞지 않아 위기도 있었다. 그러나 어린 자식들 생각하며 참고 살다 보니 지금은 지난 얘기도 하면서 잘 살고 있다. 우리가 하고 싶은 대로, 마음 내키는 대로 하고 살았다면 과연 딸들이 '사'자 붙은 신랑 만나 잘 살고 있을까 싶다. 살다 보면 흐린 날보다는 맑은 날이 많은 법이다. 그저 살다 보면 살아진다는 유행가 가사처럼 다들 그렇게 사는 게 아닐까.

재혼한 오빠는 다시 란제리공장을 운영했다. 도매 장사도 겸했다. 러시아로 수출도 하고 돈을 기계로 셀만큼 사업이 잘됐다. 수출을 많이 했다고 김영삼 대통령상도 받았다. 유명 정치인의 아내이기도 한 톱 탤런트를 모델로 책자도 찍고 잘 나간다 싶었다. 그러나 IMF를 만나 또 몽땅 털어 넣었다. 그때는 동생들이 살만했기에 오빠에게 도움도 주었다. 그런데도 결국, 재산 한 푼도 지켜내지 못하고 길거리에 나앉는 신세가 되었다.

부지런하고 사람 좋던 젊은 날의 우리 오빠. 일을 벌여만 놓고 수습하지 못해 세 번이나 부도를 맞고 힘들게 번 것을 모두 날린 오빠. 뭐든지 열심히 하는데 거둬들이는 일에는 당차지 못한 게 오빠 실패의 원인 같았다. 다 오냐오냐하고 키운 어머니의 지나친 사랑이 오빠를 연약하게 만든 건 아닌지 안타깝다.

주변에 보면 딸을 두셋 낳고 얻은 아들이거나, 첫아들이라도 부모가 떠받들 듯 키운 귀한 자식들은 공통점이 있어 보인다. 열에 팔구는 부모를 외롭게 하거나 끝까지 짐만 되는 경우를 봐 왔다. 등 굽은 소나무가 선산을 지킨다는 말은 그래서 생겼는지도 모른다.

시골에서 함께 자란 남편이 자주 하는 말이 있다. 당신은 다른 형제들처럼 키가 작은 것 말고는 형제들과 별로 닮은 점이 없다고. 사실 우리 사 남매는 성격이 모두 제각각이다. 그러나 개구리가 되었어도 올챙이 적을 잊지 않아 허례허식에 물들지 않은 점과 부지런함은 똑 닮았다. 남에게 폐를 끼치지 않으려는 마음가짐도 서로 닮았다. 오빠가 부도를 몇 번이나 맞으면서도 재산을 한 푼도 따로 빼 두지 않아 몸만 나앉은 것만 봐도 짐작할 수 있다.

칠십 대에 접어든 오빠는 집 한 채 지니지 못했다. 조그만 식당을 운영하는 걸 볼 때면 안쓰러웠다. 어머니가 제일 아끼던 자식이라는 생각에 만날 때마다 용돈을 주머니에 넣어 드렸다. 그런 오빠가 지난해 봄에 뇌혈관이 터졌다. 다행히 위기를 넘겼다. 이번엔 중환자실로 들어간 지 보름도 안 돼 폐렴이 악화했다. 결국, 폐섬유증으로 파란만장한 74세를 일기로 돌아가셨다. 욕심도 없었기에 자식에게 남긴 건 아무것도 없다. 대신 자식들 고생 덜 시키려고 빨리 돌아가신 건 아닌가 하고 짐작할 따름이다.

오빠, 오빠가 가신 지 벌써 49재가 지났습니다. 저세상에서 아버님 어머님은 반갑게 잘 만나 보셨는지요? 우리 부부가 부모님 산소에 오빠 대신 벌초하러 다닌다고 칭찬이라도 해주시던가요? 오빠가 멀리 계셔도 든든했는데 이제 안 계시니 마음이 허전합니다. 오빠가 보고 싶습니다. 꼭, 서방정토 극락세계로 가시기 바랍니다. 부디 연화세계에서 편히 쉬시길 빕니다.

위기 상황의 대처

고향 친구 부부들과 대구 동화사를 찾았다. 부산에서 매월 만나는 일곱 부부 중 네 팀이 시간을 냈다. 공통점이라면 모두 불교 신자라는 점이다. 동화사 참배를 마치고 부곡하와이를 들렀다 올 생각이었다. 이번에도 남편이 운전대를 잡았다. 어둑발 내리는 시간에 100~120km 속도를 넘나들며 부곡하와이 진입 5km쯤을 앞두고 있었다.

남자 세 명은 다른 차로 우리 차보다 앞서 출발했다. 우리 차 조수석에는 여자 중 가장 연장자인 내가 얼른 앉아버렸다. 뒷좌석엔 친구들 아내 셋이 탔다. 친구 아내들은 몸치, 음치인 나에

비해 노래며 춤이며 팔방미인들이다. 밤새 달려도 신명이 그칠 줄 모른다. 그들 속에 끼였다가 혼이 난 적이 한두 번이 아니다. 일어서지도 못하는 차 안에서 앉은 채 앗싸 앗싸 엉덩이를 들썩이며 춤추느라 야단법석이다.

차가 왕복 6차선 도로를 1차선으로 주행 중이었다. 앞 오른쪽 3차선에 컨테이너 차량이 서 있는 게 보였다. 그때 컨테이너 차량 앞으로 작은 송아지만 한 큰 개 두 마리가 길을 건너려는지 갑자기 도로에 뛰어들었다. 앞선 개는 1차선을 막 들어서고 있었고 뒤따르던 개는 2차선을 달리고 있었다. 남편이 개를 발견했을 때는 속도를 늦추기에는 이미 늦었다. 바로 뒤에는 승용차 한 대가 멋도 모르고 같은 속도로 바짝 쫓아오고 있었다. 피할 수 없는 상황에서 두 마리 개 중 한 마리는 어쩔 수 없이 덮칠 수밖에 없는 불가피한 상황이었다. 조수석에 탄 나는 너무 놀라 질겁했다.

뒷좌석에서는 노느라 상황 판단이 안 되었을 것이다. 앞자리에서 이런 상황을 보던 나는 사고가 날 줄 알았다. 남편이 워낙 순간 판단력으로 운전했기에 인명 사고는 면했다. 앞서간 마음 약한 친구들이 운전했거나, 여자들이 노는 데 한눈팔았거나, 소형차였거나, 여자가 운전대를 잡았다면 영락없이 큰 사고로 이어졌을 것이다.

사고를 당한 개에게는 정말 미안했다. 그걸로 끝난 게 천만다행이었다. 왜소한 내 덩치보다는 큰 개였지만, 우리 차량 하부 높이가 있다 보니 개가 차 밑으로 들어가고 말았다. 쿵쾅하며 차가 널뛰기를 했을 때 순간적으로 큰 사고임을 직감했다. 놀란 가슴을 진정하려고 차를 세울 수도 없었다. 차선마다 속도를 높인 차들이 무섭게 내달았기 때문이다.

남편의 침착함이 대형 사고를 막았다. 아니 부처님이 도와주셨다. 집에 돌아와서 차를 점검해 보니 차 앞 범퍼는 깨지고 바퀴에도 개털이 붙어 있다. 개도 마지막 운명의 날이 정해져 있는지는 모르겠다. 너무 미안한 마음에 상에 제물을 간단히 차리고 개의 명복을 빌었다. 너무 미안하다고, 부디 다음 생에는 개의 몸을 벗고 좋은 곳에 태어나라고 절했다. 상 위에 올렸던 노잣돈 배추 지폐는 다음 날 처음 만난 걸인에게 슬며시 넣어주었다. 국제시장 길 건너 깡통시장에는 찬송가나 불경을 틀어놓고 다리를 질질 끌고 다니는 이가 그때는 많았다.

남편 말로는 그때 상황이 피할 수 없는 위기 상황이었단다. 개를 치지 않으려면 급브레이크를 밟아야 하는데 그러면 뒤차가 들이받을 테고, 중앙선을 넘으면 맞은편의 차와 정면충돌할 상황이었다고. 어쩔 수 없이 속도를 줄이고 핸들을 꽉 잡은 채 지날 수밖에 달리 방도가 없었다고.

고속도로에서 위급했던 사건은 또 있다. 10년 전쯤 경기도 양평의 친정어머니 제사를 지내고 내려오던 길이었다. 제사가 음력 정월 초삼일이니 대부분 설 연휴가 끝나는 날이다. 우리도 가게 문을 열어야 하기에 제사를 끝낸 새벽 한 시에 부산을 향해 출발했다.

가곡 터널을 막 지나고 내리막길을 내려올 때다. 남밀양나들목 조금 덜 미쳐 멀리 불빛이 마주 오는 것 같다고 했다. 설마 역주행하는 차가 있겠나 싶은 순간에 급히 차선을 바꾸자 쌩하고 택시 한 대가 역주행으로 지나갔다. 남편에게 급히 신고하라고 재촉하니 가변으로 차를 세우고 뒤를 돌아보았다. 내려오던 차들이 클랙슨을 울리고 난리가 났다. 역주행하던 차가 그때야 차를 돌리는 걸 보고 가슴을 쓸어내렸다.

아마 명절 끝에 술 한잔하고 고속도로에 진입하면서 길을 잘못 들지 않았을까 짐작할 뿐이다. 남편이 졸았거나 초보운전자였다면 영락없이 우리 둘 다 죽었을 것이다. 물론 그들도 함께 불귀의 객이 되었을 것이다. 새벽이라 차가 많지 않아 옆 차선으로 급히 핸들을 돌려 살았다.

겁이 많은 나는 그 사고 이후 운전하는 게 싫어졌다. 그러잖아도 바쁜 가게에서 벗어나면 상념에 잘 잠긴다. 기계치인 내가 사고 없이 운전할 수 있을까 하고 미련 없이 서툰 운전을 그만둬 버렸다. 마음은 항상 개미처럼 바쁘면서 급할 때 대처력은 굼벵이처럼 느리다.

불가피한 위급 상황에서의 대처는 순발력이 빨라야 한다. 거기에 차가 작아서도 안 되겠다는 걸 그때 절실히 느꼈다. 해서 남편은 딸들에게도 모두 지프차만 사 주었다. 또 운전은 잘하는 사람이 해야 한다는 게 두 번이나 큰 위기 상황을 겪은 내 지론이다. 나의 실수로 상대방의 목숨을 앗는다면 그보다 더한 불행은 없을 것이다.

요즘 남편은 뒤 차창에 '노인 운전'이라고 매직으로 크게 써서 붙이고 다닌다. 사람들이 운전을 난폭하게 하니 바짝 붙지 말라는 경고인데 효과가 좋다. 아직 중늙은이인 남편이 노인운전이라 하니 지인들은 차만 보면 웃는다. 노인 운전이란 경고는 우리가 처음일 테니 특허를 내자며 한바탕 웃는다.

제사 지내는 마음

시아버님 제사가 음력 2월 초순이다. 날씨가 쌀쌀한 때라 가게가 바쁜 시즌이다. 조금 일찍 퇴근해서 시골로 내려가도 음식 준비는 늘 고성에 혼자 계신 형님 몫이다. 몇 해 전부터는 시어머님 제사도 합쳐서 지낸다. 이제 일 년에 한 번뿐인 부모님 기일제사에는 웬만하면 다 참석하라고, 제사를 합칠 때 형제들에게 일일이 전화 했다.

제사는 불망지일不忘至日로 돌아가신 이를 추모하는 유교의 주자학에서 시작되었다. 조선 선조 때 이율곡이 『격몽요결』에서 우리의 정서에 맞게 고쳐 만들었단다. 조상을 숭배하는 마음가짐도 좋지만, 제삿날에 남은 가족을 모으는 조상이 지혜롭다는 생각이 든다. 가족이 부모를 기리며 한 밥상에서 밥을 먹는 다복한 시간을 가지는 게 돌아가신 이가 바라는 바 아니겠는가.

시집 9남매 중 제사에 참석하는 자식은 많지 않다. 아들 서열 세 번째인 남편과 시동생 두 사람만 매년 제사에 참석하는 단골 제주들이다. 저녁 무렵 큰집에 도착하니 형님은 벌써 제사상을 안방에 대충 차려두었다. 부엌에서 나물을 무치고 계신다. 나는 제사상을 둘러보며 어긋난 배열은 바로잡고 사 간 큼직한 과일을 골고루 추가해 올렸다.

1열은 '반서경동'으로 밥과 탕국 자리는 아직 비워둔다.

2열은 '어동육서'로 생선은 동으로 육고기는 서쪽으로, 생선 머리는 동쪽으로 진설한다.

3열은 '조율이시棗栗梨柿'로 제상에 올리는 필수 과일을 진설하는 법과 심오한 의미를 내포한다.

대추는 씨가 한 개라 임금을 뜻함과 동시에 자손 번성을 상징한다. 밤은 씨가 세 개라 삼정승이요, 감은 씨가 여섯 개라 6판서를, 배는 씨가 여덟이라 8도를 상징한단다. 그래서 제사상에 꼭 빠뜨리지 않는 과일이다. 반면 털이 있는 과일은 제상에 올리지 않는다. 어릴 때 돌아가신 아버지 제사를 지낼 때마다 어머니에게 들은 바다. 친정 어머니의 할아버지가 훈장 노릇을 하였다더니 제사가 많은 집안에서 어깨너머로 배우신 것 같다. 나물 중에 뿌리 나물은 도라지로 조상을 상징하고, 줄기 나물은 검은색 고사리로 부모를 뜻하고, 잎 나물은 미나리나 시금치로 자신을 뜻한다. 음식에 담긴 의미 하나마다 조상님의 정성이 배어있다. 탕은 한 가지면 족하고 떡과 적은 세 가지씩, 생선은 남부지방에서 많이들 먹으니 우리는 보통 다섯 가지로 살짝 말려 쪄서 올린다. 음식을 차릴 때는 꼭 홀수로 세어 정성을 함께 담는다.

4열은 '홍동백서'다. 글자가 가르치는 대로 붉은색 과일과 과자는 동으로, 흰색은 서쪽에 후식으로 올린다.

저녁 아홉 시가 되자 형님은 멧상을 올리자고 한다. 형님과 우리 부부, 이웃에 사는 사촌댁 형수님만 오셨다. 시동생들이 곧 도착한다는데 굳이 서둘러 지내려 하느냐며 말렸다. 예전엔 자정 전후로 제사를 지냈다. 아무리 시대가 변했다 해도 그렇지 아직은 초저녁이다. 시동생들이 아버지 제사라고 일찍 퇴근해서 곧 도착한다는데 우리끼리만 지내면 어떡하느냐고, 아니 도리가 아니라고 말했다. 옳고 그름을 따지다가 내 언성이 조금 높아졌나 보다. 제사를 주관하는 건 형님댁이지만 아닌 것은 아니라는 생각에서다.

이런저런 말끝에 토지 이야기까지 나와 작은 말다툼이 일었다. 형님 부부가 우리와 약속을 깨고 본인들 이익만 챙겨 우리에게 피해를 준, 다툼이라기보다 나의 일방적인 항의였다. 예전에도 그 일을 한 번 들먹이려고 하다가 돌아가신 아주버님께 항의하라고 해 입을 닫았다. 매사에 그런 식이니 형제간의 의를 멀게 만든다고, 말이 난 김에 맘에 두고 있던 말을 쏟아냈다.

오래전에 고향 읍의 도로변에 좋은 밭이 매물로 나왔다고 했다. 하도 권해서 목돈을 들여 형님 명의를 빌려 두 곳에 땅을 사두었다. 땅이 오르면 이익금은 반반씩 나누자고 약속했다. 한데 형님 부부가 이 땅을 십 년 후에 상의도 없이 팔아치우고는 우리에게 원금만 보내왔다. 그때가 토지와 아파트가 재산 불리기에 대세였던 때다. 한참 후에 고향 읍에서 부동산업을 운영하는 아주버님 친구로부터 상당한 차익을 보고 팔았다는 이야기를 들었다.

형제들이 모이면 이런 껄끄러운 문제도 불거진다. 언성이 높아지기도 한다. 부모 재산도 형님 네가 혼자 차지했다. 이러니 부모님도 안 계신 고향에 형제들이 가고 싶어 할까 싶다. 남편도 부모 제사에 안 가겠다고 하는 걸 자식 된 도리는 해야 한다는 내 고집 때문에 못 이긴 척 다니는 중이다.

총각 때 스스로 목숨을 끊은, 남편의 바로 위 형님 부부 제사를 우리 집에서 지낸 지 40년이 지났다. 통영에서 멸치 배 사업을 하는 큰 형님(누님)이 꿈자리가 시끄러워 영험한 데 물어보았다고 했다. 죽은 동생이 영혼 결혼을 시켜서 제사를 지내 달라 하더란다. 결혼 비용은 자기가 알아서 할 테니 제사는 우리가 좀 맡아달라는 부탁이었다. 부모나 형님이 자식과 동생 제사를 지내는 것보다 동생인 우리가 지내는 게 합당하다 여겼다. 제수답 한 마지기도 없이 제사를 떠안게 된 이유다.

예부터 불쌍한 사람 제사를 지내주면 복을 받는다고 했다. 형님 제사도 조건 없이 떠맡았다. 그래도 정성껏 제사를 지낸 덕분인지 사업도 잘하고 있다. 아이들도 명문대를 나와 좋은 짝 만나 자식 낳고 잘 살고 있다. 모두가 제사를 성의껏 지내온 덕인가 싶다.

제사 때 형제들이 모이면 정도 쌓지만 싸움도 불쑥 일어난다. 형제들 의가 좋아지려면 집안에 며느리가 잘 들어와야 하는 건 기본이다. 더구나 큰며느리는 말해 무엇하랴. 큰며느리가 된 큰딸에게도 형제가 어려우면 서로 돕고 살아야 한다고 늘 강조한다. 더구나 요즘은 형제가 많아야 두셋이다. 가게를 얻어놓고 큰집에 돈 빌리러 갔다가 빈손으로 울고 돌아온 신혼 때 기억은 평생 잊을 수 없는 서러움으로 남아있기 때문이다. 돈 한 푼은커녕 결혼식 때 웃옷 한 벌, 금반지 한 돈 시가에서 받은 게 없다. 시가 형편이 안 되었으면 바라지도 않았을 것이다. 밑 빠진 독에 물 붓기만 아니라면 형제가 어려울 때 돕는 게 인간의 도리가 아니겠는가.

제삿날이라도 형제들이 만나 돌아가신 부모님을 그리며 정도 나눴으면 한다. 부모님의 넋이 있다면 자식들에게 바라는 게 뭐겠는가. 나 같으면 내 자식들 건강하고 의좋게 사는, 그것뿐이지 싶다.

최저임금법 때문에

최저임금이 시간당 8,350원이란다. 2년 연속 두 자릿수로 임금이 오르는 셈이다. 그것도 원래대로 한 달에 174시간 일을 하면 시간당 8,900원 정도니 위반은 아니다. 현재 정부의 방침대로 월 209시간으로 계산하면 약 7,700원이 안 돼 그것도 위반이라고 한다. 이대로라면 자영업자가 직원을 내보내지 않고 버티기는 힘든 실정이다.

경기는 바닥인데 이래저래 골치가 아프다. 곳곳에서 인원부터 줄여 적자를 메우려는 심리가 파다하다. 며칠 전 신문에는 새해부터 부산의 대단지 아파트의 경비원 대폭 감축 기사가 실렸다. 연이어 울산 대단지 아파트의 경비원을 새해부터 절반도 넘게 줄인다는 기사가 대문짝만하게 보도됐다. 그 뉴스가 시작에 불과한 일인지 모른다.

제조업들도 곳곳에서 최저임금 때문에 문을 닫거나 인원을 감축한다고 난리다. 불황을 견디다 못해 40년 넘게 서울에서 제조업을 한 친언니도 얼마 전에 탈탈 털고 문을 닫았다. 급격한 최저임금 부작용은 각계에 걸쳐 나타나고 있다.

최저임금법 때문에 고용은커녕 숙련공마저 내보내야 하는 중소기업과 소상공인들이다. 자영업자를 염두에 두지 않은 건 잘못된 정책이라고 본다. 유급휴일까지 적용한다면 대기업도 길게 살아남지 못할 것이라고들 한다. 대기업은 노조가 없거나 임금이 싼 외국으로 기업을 옮길 수밖에 도리가 없을 듯하다. 그리되면 우리나라의 일자리는 점점 줄어들 게 뻔하다.

우리 국제시장에도 종업원을 다 내보내고 부부끼리 일하는 곳이 늘어간다. 종업원들도 현장에서 불경기를 실감하고 있다. 예전과 같은 월급으로라도 계속 근무하기를 원한다. 사장 입장은 다르다. 언제 나갈지 모르는 종업원들이 법이 정착되고 나가게 되면 퇴직금 같은 골치 아픈 문제가 생길 것이다. 차라리 가게를 접고 아르바이트 일이라도 나가는 게 나을 거란 얘기가 사방에서 오간다. 이 불경기에 아르바이트 자리가 기다리고 있는 것도 아니다.

아이엠에프 때도 이 정도는 아니었다. 아니 아이엠에프가 뭔지도 모르고 지나갔다. 조선업이 성하던 시절에는 거제, 울산, 진주, 통영 등의 지방에서도 물건을 떼러 많이들 왔다. 요즘은 손에 꼽을 정도로 지방 손님을 보기 어렵다. 부산도 경기가 완전히 바닥이다. 매상이 금융위기 때보다도 훨씬 못하다. 그냥 놀고 있는 집들이 많다고 봐야 할 실정이다. 가진 재고가 많으니 쉽게 문을 닫을 수도 없다. 그런데도 매년 세금은 인상되니 누가 길게 버티겠는가.

자영업자 실정이 이러한데도 실제 일한 만큼만 최저임금을 허용하라는 대법원 판결을 무시했다니 어이가 없다. 고용부나 정치권, 민주노총은 최저임금제를 과속으로 감행하고 계속 더 인상해야 한다고 한다. 도대체 시장 경기가 어떻게 돌아가는지 알고 있는지조차 의심스럽다. 아무리 대선 공약이 "최저임금 일 만 원 달성"이라고 내걸었더라도 속도 조절이라도 해야지 않겠는가.

나도 현 정부를 지지했다. 앞으로도 한 번 더 밀어주어야 남북문제도 잘 해결하고 모든 게 원만하리라 생각한 게 사실이다. 한데 사회 곳곳에서 불거지는 부작용을 모른 척 밀고 나간다면 예삿일이 아니다. 있던 일자리마저 놓치고 당장 생계를 걱정해야 하는 이들에게도 정부와 정치권, 노동조합은 어떻게 대처할지 먼저 고민해야 할 것이다.

夏 비밀

공중목욕탕의 행복

일상의 행복한 시간을 묻는다면 공중목욕탕에서 누리는 소소한 행복을 들겠다. 도·소매상을 운영하며 짬짬이 글을 쓰는 행복도 빠트릴 수 없겠다. 멀리에 있는, 볼 때마다 쑥쑥 커 있는 외손주들을 가끔 보는 것은 기쁨 중 으뜸이다. 이는 소소한 행복을 넘어선 큰 기쁨이다.

공중목욕탕은 피곤할 때 겉치레를 홀딱 벗고 쉴 수 있는 나만의 공간이다. 일을 끝내고 따뜻한 물에 푹 잠겨 눈 감고 있으면 천국이 따로 없다. 밤낮으로 탕에 물을 뿜어내는 돌두꺼비에도 고맙다는 인사가 절로 나온다. 그 순간은 나를 있는 그대로 관조

하는 나름대로 명상의 시간이요 수행하는 시간이다.

영도 섬 입구에 있는 집에서 섬 끝 태종대온천까지 차로 십 분여 걸린다. 보통 일주일에 두어 번씩 간다. 외식을 즐기지 않는 우리지만 목욕탕에 가는 날만은 평소 먹고 싶었던 음식을 사 먹는다. 퇴근하고 목욕탕에 닿으면 보통 여덟 시다. 샤워하고 미지근한 물을 거쳐 좋아하는 고온 탕에 들어간다. 온도가 46도 정도 된다. 가장 즐기는 온도라 몸을 푹 담근다.

다음은 수水 치료시스템이 일품인 물 맞는 큰 탕으로 향한다. 건강 탕답게 물을 서서 맞는 곳, 앉아서 맞는 곳, 누워서 맞는 곳, 물이 약한 곳, 센 곳 등 다양하다. 입맛대로 물을 맞을 수 있는 곳만도 열댓 곳이 넘는다. 물맛을 고루 보노라면 30분도 금방 지나간다. 때를 미는 시간은 몸의 때와 함께 마음도 씻는 시간이다. 가게 일을 50년 가까이 하느라 내 손은 농촌 할머니보다 억세다. 공장에서 온 물건을 채우고 빼내느라 오르락내리락하다 보면 다칠 만도 하다. 그래도 한 번 다친 일 없이 여태껏 잘 해냈다. 그리 일하고도 생색내지 않는 내 몸을 씻으며 고맙다는 생각을 자주 한다.

안방에 모셔둔 어머니 사진에 눈이 가면 절로 고개를 숙이게 된다. 건강하게 낳아주고 키워주신 어머니, 나도 곧 어머니가 돌아가신 나이인 예순일곱이 된다. 몸이 아파 결혼식 준비도 못 해 주셨던 어머니. 식장에도 못 오셨던 그 마음을 잘 안다. 그 미안한 마음을 군에 간 사위 대신 다리를 절며 큰 외손녀를 키워주신 거로 대신하셨다. 수 억겁의 인연으로 자식을 열 달 동안 몸에 품고 계시다가 이 세상에 나오게 해주신 것만도 헤아릴 수 없는 큰 은혜라고 부처님은 말씀하셨다.

아버지는 첫돌도 안 된 나를 두고 병마와 싸우다 돌아가셨다. 자식 넷을 힘들게 키우시고도 아픈 몸으로 또 손녀를 떠안은 어머니. 죄송하고 고마운 마음을 어떻게 다 표현하겠는가. 제 몸을 소중히 다루어 건강하게 사는 길만이 돌아가신 부모님이 바라는 바 아닐까. 내가 자식들에게 바라는 게 건강밖에 없듯이.

때를 미는 시간은 모처럼 내 몸도 마음도 샅샅이 살피는 시간이다. '네 몸을 잘 돌보아 거기 네 영혼이 기쁘게 거하도록 하라.'라고 프란체스코 살레시오 성인도 말씀하셨다. 이는 몸과 마음이 항상 건강해야 영혼도 편히 쉴 수 있을 것이라는 말씀이리라.

단골 온천목욕탕은 넓고 시설이 아주 좋다. 변두리라 손님이 적어 혹여 영영 문을 닫으면 어쩌지 하고 걱정될 때도 있다. 그러면서도 목욕 표 20장에 14만 원인데 목돈이라고 만 원을 깎아준다. 목욕 한 번은 공짜구나 싶어 행복한 미소가 흐른다. 남편이 없을 때는 친구들도 달고 다니며 시설 좋고 물 인심도 철철 넘친다고 목욕탕 선전을 대신해 준다.

마지막으로 들르는 곳은 냉탕이다. 마무리하는 순서다. 이곳은 그야말로 물벼락이다. 몸이 약한 이는 천장에서 세게 내리치는 이 물을 맞지 못한다. 나도 몸에 정면으로 맞으면 아파서 슬슬 피하면서 맞는다. 머리는 좌우로 돌리며 3분 정도 맞는다. 이 물맛은 천당과 극락을 오락가락하게 한다. 소녀 시절에 땔감 나무와 푸성귀, 물동이 같은 무거운 걸 많이 이고 다녀서 정수리가 엄청 단단하다. 어지간히 센 물은 맞아도 머리에 기별도 안 간다. 이 물을 맞아야 정신이 번쩍 들고 목욕한 맛이 난다.

이곳저곳 노닥거려도 남편과 약속한 시각이 남으면 실외 탕으로 나간다. 남편은 내가 얼마만큼 늦어도 차에서 전화기와 잘 논다. 아무리 피곤해도 목욕 갔다 오면 싹 풀린다고 하는 아내에 대한 배려다.

노천탕 따뜻한 물에 몸을 담그고 하늘을 바라보면 별이 몇 개 떠 있다. 숲이 넓은 태종대 공원 주위라 별은 더 또렷하다. 운이 좋은 날은 보름달도 만난다. 그런 밤은 행복에 겹다. 행복은 이처럼 내 가까이에 있다. 내가 즐거우면 주변에도 그 기운이 전해질 터다. 몸이 불편한 이가 혼자 목욕을 오지 않았는지 둘러보게도 된다. 거부하지 않으면 등이라도 밀어주고 싶은 마음이다.

얼마 전 추석을 앞둔 날이었다. 자기 몸을 잘 움직이지도 못하는, 나보다 여남은 살 위로 보이는 할머니가 혼자 목욕을 왔다. 누군가 도움을 주어야 탕 안에 겨우 들어갈 정도다. 눈여겨보다가 물어보니 그날 병원에서 퇴원했다고 한다. 객지에서 자식들이 올 거라 미리 목욕을 왔단다. 때 밀어주는 이가 있을 줄 알았는데 저녁이라 없어 낭패라고 했다. 십 년 후의 내 모습이 연상되어 때를 대충 밀어주고 나왔다.

꼭 부처님 앞에 엎드려 절을 하는 것만이 복을 짓는 일이 아닐 것이다. 나보다 약한 이를 돌아보는 자비가 부처님의 중심사상이 아닌가. 내 몸은 왜소해 비록 보잘것없지만, 시골에서 나고 자라 건강한 편이다. 몸이 아픈 이가 보면 훨훨 날 듯한 이 몸뚱이가 얼마나 부러울까. 그 할머니가 고맙다는 인사를 거듭하신다. 처삼촌 묘 벌초하듯 건성건성 때수건만 몇 번 왔다 갔다 해준 게 오히려 미안하다. 기다리는 남편이 걱정할까 봐 서둔 탓이다. 다음에 그런 분을 만나면 정성껏 밀어주리라.

공중목욕탕 간 날은 몸도 마음도 한껏 힐링하는 날이다.

궁합의 아이러니

꼭 풍을 맞은 사람 모양 얼떨떨해졌다. 우리 차가 시내에 들어설 때까지도 온 정신이 아니었다. 이심전심이라더니 남편도 나온 김에 철학관을 다시 찾아보자고 한다.

가게가 제일 바쁜 시기인 작년 초겨울이었다. 큰딸이 남자친구가 생겼다 하기에 정들기 전에 궁합부터 봐야 한다고 성화를 댔다. 남자의 생년월일을 보내왔다. 다음날, 영험하기로 소문난 보살님을 찾아갔다. 철학 겸 사주와 궁합을 봐주는 분으로 어쩌다 걱정거리가 있을 때 한 번씩 들르는 곳이다. 보살 말로는 둘의 궁합이 아주 좋다고 한다. 사주는 여자가 더 좋지만, 성격은 남자가 훨씬 더 좋고 둘이 잘 맞으니 아무 걱정하지 말라고 했다. 그대로 딸에게 전했다.

한가해진 신년 초에 영도로 이사 오기 전에 다녔던 구포 ㅇ 사로 찾아갔다. 고3인 작은딸의 진로가 제 사주에 맞는지 문의했다. 스님을 뵌 김에 큰딸 궁합도 좀 봐달라고 부탁드렸다. 스님께선 단번에 궁합이 안 좋으니 결혼을 말리라고 하신다. 우리 애의 사주에 비해 남자 쪽이 못하다고. 둘이 합치면 여자는 몸이 안 좋고 남자는 출셋길이 평탄치 않다는 뜻밖의 말이었다.

원래 불교에서는 철학이나 무속신앙 등의 기복신앙을 멀리한다. 그런데 이곳 스님은 토굴에서 몇 년간이나 불교 공부와 철학 공부도 겸해서 그 방면에 꽤 능하다고 들었다. 오래된 신도가 아니면 잘 봐주시지도 않는다는데 괜히 봤다는 후회마저 들었다. 딸에게는 이미 궁합이 좋다고 전한 터다. 이를 어쩌면 좋을까. 명석한 두 아이에게 궁합이 안 좋아 부모가 반대한다면 그 말이 과연 먹힐까. 마음이 답답해졌다.

개똥도 약에 쓰려면 없다든가. 차 속도도 줄이고 남편과 양쪽 간판들을 책 읽듯이 훑었다. 바쁜 마음을 비웃듯 찾는 철학관은 좀체 보이지 않았다. 대청동 가톨릭센터를 지나니 겨우 치마 말에 이 잡듯 훑지 않았으면 놓쳤을 궁색한 간판 하나를 발견했다.

간판과도 닮아 보이는 철학관 영감님은 허름한 장소와는 대조적이다. 자기 일에 대단한 긍지를 가진 듯 자신만만하게 우리를 맞았다.

결과는 스님이 보시던 것처럼 음력 정월 7일생은 범띠인데도 한 살 올려 소띠로 보았다. 절대로 좋지 않은 궁합이란다. 3대 1의 결과이니 이제는 남편의 뾰족한 화살이 내게 꽂힌다. 중대한 궁합을 몇 곳에서 더 보고 애들에게 알려 줄 것이지 경솔하게 실수를 했느냐고. 궁합을 처음 볼 때만 해도 같은 결과가 나올 줄 알았다. 이런 결과가 나올 줄은 뜻밖이었다. 큰 고민거리가 발등에 떨어지니 아무 생각도 나지 않았다. 집에 갈 때까지 철학관이 있으면 다 가볼 심산이었다.

마침 코모도 호텔 앞에 'ㄷ 철학관' 이란 커다란 간판이 어서 오란다. 정월 초순이라서인지 앞서 기다리는 손님이 많다. 소문을 듣고 김해에서 왔다는 내 앞의 아줌마도 잘 본다는 말에 찾아왔단다. 둘의 생년월일을 적은 쪽지를 선생님 앞에 내놓았다. 기도하는 마음이 되었다. 제발 궁합이 잘 나왔으면 하고.

한참을 꼼꼼히 짚으시더니 운을 뗐다. 궁합이 좋다고. 만점을 100%에 둔다면 60%만 되면 괜찮은 궁합으로 본단다. 이 애들은 65%나 되니 이만하면 좋은 궁합에 든다고. 그때야 앞서 본 궁합 얘기를 했다. 궁합이 좋으니 자기를 믿고 더 보지 말라고 하신다. 모두 자기가 본 궁합이 틀림없다고 하니 원….

반신반의하며 집으로 돌아왔다. 다음 날 가게에 나와도 온통 그 걱정이라 궁합의 아이러니를 이웃에 얘기했다. 이웃 사람이 용두산 공원 부근에 있는 한 철학관으로 가보란다. 궁합이라면 그곳이라기에 단걸음에 달려갔다. 대기실엔 이미 여자들로 꽉 차 있다. 이제 예순을 넘겼을까 싶은 백합처럼 고운 중늙은이 한 분이, 자기의 경험담을 걱정에 싸인 초짜 후배들에게 열심히 피력하고 있다. 궁합은 보는 곳마다 조금씩 차이가 난다고, 몹시 나쁘지만 않다면 아이들이 알아서 하게 내버려 두라고 한다. 이곳에서도 궁합은 불합격이었다.

내친김에, 추천받았던 또 다른 곳인 남일초등학교 인근의 한 곳만 더 가보기로 했다. 여기서도 궁합은 안 좋단다. 남자, 여자 사주를 따로 떼어놓고 보면 둘 다 아주 좋은 사주인데 같이 붙여놓고 보면 여자가 모든 걸 포기해야 하는, 아주 손해 보는 결혼이란다. 이곳에서 궁합을 마지막으로 본다고 생각했기에 처음으로 우리 부부의 궁합도 넣어보았다. 우리도 궁합이 영 안 좋단다. 그제야 파리 뭣만큼도 힘이 없던 내게 기운이 살아났다. 우리는 같은 고향 동네의 초등 고등 동기로 사돈들도 너무 잘 아는 사이다. 맨손으로 동거부터 시작했다. 궁합을 보고 자시고 할 겨를조차 없었다. 젊었을 때는 더러 부딪쳤지만 지금은 보란 듯 잘살고 있다.

반문했다. "선생님, 우리 부부가 낼모레가 지천명의 문턱이고 이렇게 잘살고 있는데 어째서 나쁜 궁합입니까?"라고. 둘의 궁합은 분명 안 좋은데 조상들에게 잘하고 열심히 살아 이름 모를 조상님이 돕고 있다고, 음력 9월 9일에 정성껏 제사나 지내라고 한다. 아! 모르는 게 약이라고, 그 명언을 왜 내가 잊었던가. 이제 더는 궁합은 안보리라 마음을 다졌다.

며칠 후 큰딸의 과학고 동기 어머니가 가게에 왔다. 평소에 존경하던 분이다. 우리 사윗감과 그분 아들이 같은 과 친구라 내 고민을 털어놨다. 자기 지인이 궁합을 아주 잘 보니 봐주겠다며 아이들의 혈액형까지 적어갔다. 사흘을 기다려도 연락이 없으니 애가 탔다. 남편이 먼저 연락을 해보란다. 바쁜 분이고, 혹 궁합이 안 좋으면 연락이 없을 수도 있으니 기다려 보자고 말했다. 내 말이 떨어지기 바쁘게 전화벨이 울렸다. 애들 궁합은 아주 좋으니 아무 걱정하지 말라고 한다.

궁합을 본 결과가 4대 3이다. 참 아이러니하다. 그래도 마지막 본 게 좋다니 마음도 홀가분하다. 일곱 번이나 궁합을 보고 다녔으니 나도 자식 일에 대해서는 어지간하다 싶다. 이제는 궁합에 연연하지 않기로 했다. 사람의 사주도 자기가 어느 정도 만들어 가며 살듯이 궁합도 자기들이 맞추며 살아가야 할 테다. 다들 자기 복에 맞는 사람을 만났으려니 여긴다.

어쩌면 정월 초순에 태어난 아이를 한 살을 올려 보는 방식에 따라 궁합의 아이러니가 생겼을지도 모른다. 끈질기게 궁합을 본 결과 깨달은 게 있다. 모든 건 하기 나름, 마음먹기 나름이라는 것이다.

* 궁합은 원래 왕족들이 중매가 들어왔을 때 혼사를 거절하기 위한 방편으로 쓰이기 시작했다고 함. 뒤늦게 어느 책에서 눈에 확 들어온 글이다.

존엄하고 안락한 죽음을 맞고 싶다

오빠가 74세의 일기로 돌아가신 지 일 년이 지났다. 오빠는 평소에 지병이 없었다. 재작년에 머리에 혈관이 터져 간단한 수술 후 완치되어 안심하고 있었다. 돌아가시려고 그랬는지, 어느 날 느닷없이 먼 곳에 있는 부모님 산소에 가고 싶다며 경기도 양평에서 경남 통영까지 다녀가셨단다.

억세게 자란 풀의 기세에 산소까지 들어갈 수도 없어 배를 대절해 산기슭에서 산소를 향해 절만 하고 돌아갔단다. 오빠는 그때 걸린 몸살감기가 낫지 않고 급성 폐렴에서 폐섬유증으로 악화돼 결국 돌아가셨다. 우리에게 연락했더라면 같이 갔을 텐데. 가게 일로 바쁠까 봐 연락도 안 하고 가셔서 더욱더 안타깝다.

그렇게 황망하게 가실 줄은 몰랐다. 중환자실에서 의식이 있을 때 오빠의 의중을 나라도 대충 물었어야 옳았다. 누구도 갑자기 맞닥뜨릴 오빠의 죽음을 예상하지 못했다. 오빠가 위독하다 해서 다시 서울로 올라가 담당 의사를 만났다. 오빠는 이미 의식이 없는 상태였다. 깨어나기도 어렵다고 했다. 한마디로 식물인간으로 생명을 연장하느냐, 자연사로 그냥 보내드릴 것이냐의 문제인 것 같았다. “선생님, 최선을 다해 주세요. 그러나 의식이 돌아올 가망이 없는데 억지로 생명을 연장하는 건 가족 대표로서 원하지 않습니다.”라고 의사를 전했다.

오빠는 재혼한 올케언니와의 사이에는 자식 하나 없다. 오빠의 아들들은 결혼도 하지 못한 형편에 건강까지 안 좋다. 거듭된 사업실패로 자식들에게 유산 한 푼 못 남기는 오빠도 누구에게 짐이 되고 싶지는 않았을 것이다. 병원비도 우리가 거의 부담해야 한다는 얄팍한 마음에서 그런 건 결코 아니다. 서울 사는 언니는 미혼 때부터 하나뿐인 오빠와 서로 의지하며 고생한 사이라 서로 각별하다. 오빠가 사업 부도로 넘어질 때마다 언니가 많이 도왔다. 그런 내 언니도 지금은 사업에 실패해 모두 접었다. 누구도 쉬 나서서 결정을 내리지 못한다. 내가 나설 수밖에 없었다. 그냥 편안히 보내드리고 싶고, 존엄하고 안락한 죽음은 평소에 내가 바라던 바이기도 했다.

우리 부부도 만에 하나 완치가 불가능한 암에 걸리거나 불상사로 식물인간이 되면 생명 연장은 절대로 하지 않을 거라고 말해왔다. 오빠도 같은 생각이려니 했다. 장기간 의식도 없이 누워계시면 그 큰 비용은 어떻게 하며, 긴 병에 효자 없다고 누가 살뜰히 보살피겠는가. 그래도 내 입으로 오빠의 운명을 좌우한 건 아닌지. 아직도 마음은 울적하고 헛헛하기만 하다.

오빠의 첫 기일을 지내고 내려오는 길에서다. 코로나19가 물러가면 우리도 건강보험 기관에 가서 생명 연장은 하지 않을 거라고 서명이라도 해 놓자고 의견을 모았다. 자식들이 어려운 결정을 하지 않아도 되고, 우리도 편히 갈 수 있게 하자고 남편과 약속했다. 이렇듯 존엄한 죽음에 적극 찬성하는 데는 오래전의 일과 무관하지 않다.

십오 년 전쯤, 한국방송통신대학교 국어국문학과에 다닐 때 '존엄사'에 대한 과제물이 나왔다. '적극적 안락사'와 '소극적 안락사' 중에서 택해 리포트를 써내는 거였다. 그즈음엔 한창 '존엄한 죽음'에 관해서 우리 사회에서 찬반의 논쟁이 불거지던 때이기도 했다.

그 무렵, 호주의 유명한 과학자 데이비드 구달이 104세의 고령인데 생명을 포기하겠다고 해서 세상을 놀라게 했다. 별다른 질병이 없는데도 너무 오래 사니 삶의 질이 떨어진다는 주장이었다. 그는 결국 안락사가 합법화된 스위스 병원으로 가서 자기가 좋아하는 베토벤의 음악을 들으며 생을 마감했다. 놀라운 그 일이 세계적으로 보도되면서 존엄사와 안락사에 큰 관심을 두게 된 것 같다. 해서 교수님도 그런 과제물로 학생들의 의사를 타진했는지 모른다. 우리나라는 여러 국가처럼 구달이 선택한 안락사는 불허한다. 다만 연명치료를 중단할 수 있는 '존엄사법'이 꽤 오래 전부터 시행 중인 것으로 안다.

안락사 찬반논쟁의 핵심은 '존엄하게 죽을 권리'와 '타인이 중단시킬 수 없는 생명의 신성함'이라는 가치의 상충이다. 양쪽 모두 소홀히 할 수 없는 중요한 가치다. 그래도 꼭 선택해야 하는 상황이 온다면 나는 인간답게 존엄하게 죽을 권리 쪽에 손을 번쩍 들어주고 싶다. 특히 소극적 안락사는 다음의 몇 가지 이유로 찬성한다.

첫째는 완치될 가망성도 없는 시한부 환자가 신체적 고통을 겪는 경우, 더구나 약물 등 의학적 처치로도 그 고통을 덜 수 없다면 치료를 받지 않을 권리는 환자에게 있다고 본다. 고통 속에 생명을 이어가고 있는 환자가 그 고통을 벗어나는 길이 죽음밖에 없을 때, 환자 자신이 신념과 자유의지를 가지고 안락사를 선택한다면 그를 존중해주는 것이 진정한 삶의 존엄성을 지키는 것이 아닐까.

둘째는 소생 가능성이 거의 없는 식물인간의 경우에는 의식 없이 무의미한 생명만을 연장하고 있는 환자 본인도 그러하지만 가족들이 겪는 육체적, 심리적, 경제적 고통이 너무도 크다. 식물인간은 스스로 안락사를 선택하겠다는 의사표시를 할 능력이 없으므로 비자발적 안락사로써 도덕적 논쟁의 여지가 큰 부분이기도 하다.

그러나 만에 하나 내가 그런 상황에 부닥치게 된다면 가족에게 무거운 짐을 지우고 싶지 않다. 물론 우리 부부가 오십여 년의 사업으로 노후대책은 자식들에게 짐이 안 되게 대충은 해놨다고 생각한다. 그래도 기약 없이 장기간 누워있으면 정신적인 후유증도 만만치 않을 것이다. 아마 많은 이가 공감할 부분이라 생각한다. 나는 리포트도 '소극적 안락사'에 찬성하는 쪽으로 써냈다. 그 생각에는 나이가 들어가도 추호의 변함이 없다. 오히려 형제나 절친한 이들에게 권하고 싶을 정도다. 그래서 학교에 제출했던 리포트 일부분을 여기에 인용했다.

미국에서는 인위적인 생명 연장을 거부하는 사람들이 심폐소생술을 받지 않겠다고 사전에 의사표시를 하여 팔찌처럼 차고 다니는 제도가 있다고 한다. 장기기증 의사표시로 휴대할 수 있는 장기기증 카드가 있는 것처럼, 식물인간이 되었을 때 생명 연장을 거부한다는 의사표시를 미리 할 수 있는 장치를 해두면 좋을 것 같다.

뇌사를 법적으로 인정하게 되면 뇌사자의 장기이식이 가능해진다. 이는 물론 환자가 사전에 장기이식에 동의하였거나 가족이 나중에 동의한 경우에 한한다. 수많은 사람이 자신에게 적합한 장기가 없어 죽어가고 있는 현실에서, 한 사람의 생명은 여러 생명을 살릴 수도 있다. 소생 가망성이 없는 생명의 연장을 포기함으로써 다른 생명을 살릴 수 있다면, 그것은 안락한 죽음을 넘어 진정한 '존엄한 죽음'이라 할 수 있을지도 모른다. 나도 마지막까지 건강하게 장기를 보존할 수 있다면 그것이 필요한 이들에게 기쁘게 주고 가고 싶다.

그래도 이 안락사는 매우 신중하게 결정되어야 하는 문제이다. 어느 생명이 가치가 있고 어느 생명이 가치가 없는지를 한낱 인간이 결정할 수 없는 노릇이다. 광범위하게 안락사를 인정할 경우 충분히 살릴 수 있는 환자를 포기할 가망성도 적지 않다. 그것이 염려될 뿐이다. 이 세상의 생명은 귀하지 않은 게 없다. 그중에서도 사람의 목숨은 말해 무엇하랴. 그래도 식물인간이 된 채 가족이나 지인들이 병문안 와서 쪼그라든 내 몰골을 구경하는 것은 정말로 달갑지 않다.

인척 중에 인물이나 체격에 사업 수완까지 좋아 집안과 온 동네를 주름잡았던 이가 있었다. 그가 요양원에 들어가고 몇 년 지나니 식물인간이 되었다. 몸은 반으로 줄어들어 불쌍한 몰골로 수년째 매달려 있는 걸 보았다. 차마 바라볼 수 없었다. 저이가 정말 그이가 맞나 싶을 정도였다. 아무리 보아도 산 사람의 모습은 아니었다. 의식이 있다면 어느 누가 그런 자신을 구경거리로 내팽개쳐 놓겠는가.

신이 주신 생명이 다할 때 그냥 자연사로 돌아가는 게 내가 제일 바라는 바다. 모두가 바라는 마지막 모습이 아닐까. 나도 오빠처럼 존엄하고 안락한 죽음을 맞고 싶다.

딸이 가톨릭으로 갔다고

경자년 벽두였다. 선뜻 꺼낼 수 없는 얘기라 망설였다. 더 미룰 수 없어서 다니는 사찰의 주지 스님 뵙기를 청했다.

"스님, 지난해부터 큰딸이 가톨릭 교리 공부를 한다더니 가톨릭 신자가 돼버렸답니다. 처음에 딸이 가톨릭 공부를 한다기에 그러면 불교 공부도 같이 좀 해봐라. 두 종교의 장단점은 다 있을 테니까. 엄마라고 종교 선택을 왈가왈부하진 않겠으며 선택은 너의 자유라고 했는데 그 쪽으로 가버렸네요."

스님 앞에서 차마 목에 걸려 나오지 않는 말을 겨우 끝냈다. 스님은 단번에 크게 나무라셨다. 어머니가 불교 공부를 안 하고 신심이 부족하니 타 종교로 가는 딸을 막지 못했다는 의중이었을 것이다. 꾸중 들을 건 이미 각오했고 지당하신 말씀이다.

친정어머니가 불교 신자였기에 나도 불교도가 되었다. 그러나 사실 절에 다닌 횟수만 많았다. 불법 공부를 제대로 하지 못한, 생각해 보면 나일론신자에 가까웠다. 음력 초하루면 출근길에 남편과 절에 들러 부처님께 번개 예배만 드리고, 회비 내고, 출석 도장만 찍고 다녔다. 거기다 사월 초파일에는 인연 맺은 몇몇 절에 우리 집과 두 딸 집 주소로 등불이나 밝혔다. 스님이 보실 때 한심하기 짝이 없는 신자였다. 그 점은 충분히 인정한다.

그래도 나름대로 할 말은 있었다. 한데 스님이 예상 밖으로 크게 나무라셔서 섭섭한 마음이 컸다. 입을 다물고 절을 내려왔다. 공부를 많이 하신 분이라 사정을 설명하면 조금은 이해해 주시리라 믿었다. 가슴속에 싸한 바람이 훑고 지나갔다. 주지 스님을 친견하러 온 몇몇 신도가 기다리고 있어 변명도 더 늘어놓지 못하고 일어서야 했다.

물론 스님이 그러시는 데는 그만한 이유가 있다. 그 딸이 결혼하고 4년 동안 아기가 없어 무척 초조해했다. 몸을 따뜻하게 한다는 한약을 먹이고 유명한 부인과에서 딸 내외가 인공수정 시술을 받았다. 그럴 즈음 아이들이 부산에 왔기에 절에 딸 부부를 데리고 가 처음으로 주지 스님께 인사를 드렸다. 딸 부부가 스님께 큰 절을 올리고 서울로 간 밤, 사위 꿈에 스님께서 아들 둘을 품에 안겨주시더란다. 그 얼마 전에는 남해 보리암에서 아기를 원한다고 기도했단다. 그 후 첫아들을 낳았다. 두 번째는 시술도 하지 않고 자연으로 생긴 아이까지 아들 둘을 두었다. 부처님을 믿는 신도로 당연히 이 모든 게 부처님의 은혜이며 덕으로 믿었다.

딸이 엄마를 따라 절에 몇 번 갔다고 해서 세례받지 말라고 강요할 수 없는 노릇이다. 더구나 딸 둘은 가톨릭에서 운영하는 노틀담유치원에 다녔다. 일 나간 엄마를 대신해서 다정다감한 수녀님들 손에서 2년을 자랐다. 그곳을 어릴 적 마음의 고향으로 여겼는지도 모른다. 어미로서 잘못한 게 있다면 아이를 가톨릭 유치원에 보낸 일일 것이다. 지난날 내 종교가 불교라고 해서 아이들을 가톨릭 유치원에 보내기를 망설인 적은 없다. 가게 인근에는 불교에서 운영하는 유치원은 물론 일반 유치원도 없었다. 종교와 상관없이 국제시장 상인들이 자녀를 그 유치원에 넣으려고 새벽부터 줄을 서던 곳이었다. 나 또한 기독교 재단의 중학교에 다녔다. 그러니 가톨릭이라도 전혀 이질감이 들지 않는다.

어느 종교든지 서로 존중하며 배울 가치가 있다는 성인들의 가르침에도 고개를 끄떡였다. 가르침의 궁극은 다 한길일 것이라는,

법정 스님의 《무소유》 글을 읽었다. 사실 진리는 하나인데 그 표현을 달리하고 있을 뿐이라는 말에 그분도 동의하셨다. '종교란 가지가 무성한 나무와 같다. 가지로 보면 그 수가 많지만, 줄기로 보면 단 하나뿐이다.'라고 한 마하트마 간디의 표현도 그 책에 옮겨 놓았다. 이어 똑같은 히말라야산맥을 서쪽에서 본 이와 동쪽에서 본 이가 자기가 본대로 다르게 말했다고, 그 산이 둘이 아니듯 종교도 그렇다고 하셨다. 어느 종교가 더 낫고 못 하고가 아니라, 히말라야의 산을 바라보는 시각에 각자 한계가 있을 수 있다는 말씀이셨다. 어느 종교든 깊이 빠져본 적 없는 나도 성인들 말씀에 절로 고개가 끄덕여졌다. 귀 기울일 수밖에 없는 진리였다.

주지 스님은 내가 다른 신도들처럼 불법 공부를 열심히 하지 않고, 자녀들에게도 불교에 대한 인식을 깊이 심어주지 못해 딸이 가톨릭으로 갔다는 꾸중을 하신 것으로 안다. 사실 영도로 이사 오기 전, 처음으로 다녔던 구포의 한 절에서는 신도들에게 불교 공부를 많이 가르치는 것을 보지 못했다. 비구 노스님 혼자 계신 작은 절이라 그랬을까. 행사가 있는 날 설법한 정도로 기억된다. 예전이나 요즘이나 초파일과 백중날은 가게가 덜 바쁜 데다 큰 행사라 절에서 제를 지내고 법문도 다 듣고 돌아온다.

지금 다니는 영도의 절 주지 스님은 주지가 되기 전부터 신도들에게 불법 공부를 많이 가르치는 걸 보고 처음엔 놀랐다. 불교 공부를 하면 좋은 줄 뻔히 알면서도 평일엔 일 때문에 끼지 못했다. 어쩌다 가게 휴일에 초하루가 들어 법회에 참석하면 신도들이 공부하는 열성에 늘 기가 죽는다. 한 달에 두 번 모여서 부처님의 금강경 한 권을 다 뗄 때까지 공부하는 것 같았다. 열성 신도들이 많고, 비구니 스님만 댓 분이나 계시는 사찰에서 짧은 '반야심경'이나 겨우 외우는 나 같은 신도는 신도 축에도 못 끼리라. 또한 스님은 신도들 생활상을 일일이 알 수 없다. 하니 게을러서 공부를 안 한다고 생각할 수도 있겠다. 어쩌다 보니 딸을 가톨릭으로 보냈다고 혼낸 주지스님을 향한 변명 아닌 변명을 하는 마음이다.

우리 부부는 직장생활 5년간 모은 적은 돈으로 국제시장 지금의 자리에 두 평쯤 되는 점포 한 칸을 세 얻었다. 그간 직원으로 일하며 배운 업으로 도소매상을 개업했다. 호적이 늦어진 남편이 입대하면 아기와 뭘 먹고 살까 고민하다 내린 결론이었다. 열심히 한 덕분인지 운이 따랐는지 다행히 사업은 번창했다. 기회가 닿을 때마다 확장해 반평생 도소매업을 이어오고 있다. 남편도 제대 후 직장을 그만두고 가게에 합류했다. 그러나 남편에게 장사는 적성에 맞지 않았다. 일을 돕는 수준이다. 내가 가게를 비우면 장사에 지장이 많다. 도매업이라 일반 소매상과는 다르다. 해서 나는 종일 붙박이처럼 붙어 있다. 요즘 들어 공구에서 단체로 매달 두 번만 쉬던 정기휴일이 매주 쉬게 되어 시간의 여유가 좀 생겼다.

지천명에 들어서면서 소원이던 학교 공부를 다시 시작했다. 공부하고 싶어도 형편상 하지 못하면 평생의 한으로 남을 것이 뻔하다. 부모덕으로 고등학교라도 마친 사람은 이런 한을 알 리 없다. 야간 여중 2학년 때 어머니가 쓰러지셔서 포기했던 공부를 딸 둘을 서울의 대학으로 다 보내놓고 시작했다. 4년만에 졸업하기 어렵다는 국립 한국방송통신대학교까지 남편과 교대로 다녔다. 낮엔 가게 일을 하고 밤엔 잠을 줄여 공부에 집중했다. 다른 일에 신경 쓸 겨를이 없었다.

목표로 한 공부는 회갑이 되던 해에 다 끝냈다. 그래도 2005년에 등단한 글 쓰는 일은 지금도 계속하고 있다. 글을 쓰는 일은 가게에 잡혀 받는 스트레스나 고집불통인 남편 시집살이에서 벗어나는 유일한 탈출구이다. 그러다 보니 불교 공부는 할 시간이 없어 엄두를 못냈다.

고백하자면 오십이 되기 전, 학교 공부를 다시 시작하기 전에 비수기인 여름 두 달간 불교회관에서 불교 공부도 조금 했다. 법명 보덕화도 그때 받은 선물이다. 이도 소원이던 학교 공부에 전력하고부터는 외웠던 긴 '천수경'도 절반은 까먹은 상태다. 일흔에 접어든 지금은 외워도 머리에 잘 들어오지 않는다. 더구나 회원으로 있는 몇몇 문학사에 철 따라 글도 보내야 한다. 가게 제품 종류가 수백 가지가 넘고 신제품도 계속 들어온다. 남편과 하는 일이 나뉘어 있어 제품 가격 외우는 일도 다 내 몫이다. 부처님의 모범제자가 되지 못함이 이것으로 변명이 될지는 모르겠다. 다 핑계겠지만 명색이 한 집안의 뒤바뀐 가장인데 직장을 팽개치고 종교에만 연연할 수 없었음을 얘기하고 싶을 뿐이다.

좁은 소견으로 보더라도 부처님이든 예수님이든 자비와 사랑으로 살아가라 했다. 종교를 떠나 그 말씀대로 살아가려고 노력하고 있다. 부처님도 이런 나를 이해해 주시리라 믿는다. 해서 부처님의 큰 제자이신 스님도 나를 조금만 나무라고 "이미 그리됐으니 할 수 없지요."라는 답을 속으로 원했던 것 같다.

무지하여 종교에 몰입하지 못하고, 벌여놓은 사업과 뒤늦게 빠진 문학 사이에서 엉거주춤하다가 이런 사태가 벌어진 건 아닌지. 그저 자신이 위안받을 대답만 원했다가 실망하고 가슴이 뻥 뚫린 꼴이다. 이것저것 머리가 복잡해 밤잠을 설친다.

마음의 상처

주차 설치 벽에 세게 부딪히며 넘어졌다. 뇌혈관이 터져 서울 어느 병원에 입원한 오빠의 병문안을 마치고 지하주차장으로 내려오던 길이었다. 호들갑 떨지 않고 침착하다 보니 남편은 대수롭지 않게 여긴 것 같다. 서울 온 걸음에 예정대로 양평의 농장으로 매실나무 전지도 할 겸 별 처치도 없이 떠났다.

다친 팔이 심상치 않았다. 휴일이라 약국도 쉰다. 딸네 집에서 응급처치만 하고는 딸 가족의 걱정을 뒤로하고 공장일도 대충 보고는 부산으로 내려왔다. 가까운 정형외과를 찾아갔다. 사진을 찍어보니 뼈에 금이 가 7주 진단이 나왔다. 조금만 더 다쳤더라면 수술 할 뻔했다고. 이만하길 천만다행이라며 입원하라고 한다. 겨울 제품 정리를 서둘러 마무리하고, 봄 스카프 신상품도 둘러볼 겸 서울에 갔던 길이다. 입원은커녕 단 하루도 가게를 비울 수 없는 형편이다.

의사는 깁스한 왼손은 없는 셈 치고 쓰지 말라고 한다. 그렇게 하겠다고 약속하고 통원치료를 받았다. 일이 바쁘다 보니 왼손을 신줏단지 모시듯 가만히 묶어 둘 수가 없다. 아침이면 각 공장에서 내려오는 제품들을 제자리에 맞춰 진열해야 한다. 소매상 고객들이 색상을 고른다고 쑥쑥 빼놓은 것들은 다시 접어 제자리에 찾아 넣어야 한다. 빠진 색상은 수시로 메모해 공장에 주문 전화를 해야 한다. 남편과 내가 하는 일이 나누어져 있다 보니 남편이 해 줄 일도 못 된다.

깁스한 모습을 본 단골손님들이 한 마디씩 거든다. 잠시 아르바이트생을 두든지 할 일이지, 무리하면 되겠냐고 남편보다도 더 걱정한다. 두어 달 쓰고 내보낼 알바도 없지만, 수십 가지 일을 가르치려면 일 익히자 끝날 실정이다. 힘들게 가르치느니 한쪽 손으로라도 내가 하는 게 낫다는 걸 잘 안다. 그래서인지 남편도 묵묵부답이다. 남편 도움을 받는 건 아침저녁 문을 여닫을 때 무거운 물건을 올리고 내리는 일이다. 깁스한 손으로 무거운 박스

들을 도저히 들 수 없기 때문이다.

왼쪽 팔을 못 써도 이리 불편한데 오른팔이었으면 어쩔 뻔했나 싶다. 발에 깁스하고 목발에 의지해 다니는 이들이 새삼 안쓰럽게 눈에 들어온다. 병원에서 차례를 기다리는 동안 많은 부상자를 보았다. 이만하길 다행이었다고 거듭 감사했다. 다쳐서 불편함을 겪고 있으니 다른 부상자 처지를 한 번 더 보게 된다.

동병상련이라고, 직접 겪지 않고서는 남의 아픔을 온전히 짐작하기 어렵다. 뼈에 금이 갔지만 생각보다 아프지는 않다. 단지 빨리 나으려면 팔을 쓰지 않아야 한단다. 어깨에 걸친 팔걸이를 풀어놓고 일을 할 수밖에 없다. 치료가 더딜까 걱정했다. 다행히 6주 만에 깁스를 풀었다. 팔을 쓰지 말라는 의사의 경고를 흘려듣긴 했지만, 뼈를 빨리 붙게 한다며 사흘이 멀다고 생선회를 사 준 남편 공이 크다.

이번 일로 그간 예사롭게 지나친 일들이 새삼스레 떠오른다. 팔은 거의 나아가지만 마음은 다쳤던 팔처럼 아직도 무지근하다. 우리 가게는 2층 계단 입구에 있다. 오래된 건물이라 손님 일부는 계단이 가파르다며 한 마디씩 던지곤 한다. 나이 들어 무릎이 온전치 않은 이라면 그 심정을 충분히 이해한다. 그러나 나보다 훨씬 더 젊은 사람도 계단을 탓하면서 투덜대며 올라온다. 생각보다 계단이 경사지지도 않다. 연거푸 그런 말이 들리면 나도 듣기가 싫어진다. 그때마다 돈을 주고 운동하러 다니는 사람도 많은데 계단을 탓하느냐며 그들을 못마땅해했다. 젊다고 다리가 아프지 않으라는 법은 없다는 걸 염두에 두지 못했다. 내 다리가 튼튼하니 그들 형편을 헤아리지 못한 꼴이다.

그뿐이 아니다. 비가 종일 오는 날이면 계단 아래에서부터 우산을 접으며 잦은 비를 탓한다. 하늘에 구멍이 났나, 하늘이 미쳤나 하고 욕하는 말도 들린다. 이럴 땐 농촌 출신 아니랄까 봐 또 한마디 거든다. 우리는 한 이틀 장사 못 하는 데 그치지만, 농촌에는 이 비가 일 년 농사 밑천이며 모심기를 앞둔 이때쯤은 원래 비가 잦은 법이라고. 절기를 잘 맞추어 비가 오는 데 웬 불만들이냐고 입바른 소리로 무안도 주었다. 그들 중에는 비가 오면 팔다리가 쑤시거나 노점 장사를 접어야 하는 사람도 있다는 걸 간과했다.

비교적 건강했던 내가 처음으로 정형외과에 다니면서 많은 환자를 보았다. 그들은 치료만 하면 나을 것이다. 반면 겉은 멀쩡하지만 마음이 아픈 환자도 있을 것이다. 하루에도 수십 명의 고객을 만나는 내가 누군가에게 잊지 못할 아픈 말을 던진 적은 없었는지 반성하는 계기가 되었다.

며칠 전에 자주 오는 단골손님에게서 전화가 왔다. 돌아가서 보니 추가로 넣은 물건이 없다는 거다. 분명히 넣었다고 생각했기에 한 번만 더 확인해 보라 하고는 손님이 많아서 전화를 끊었다. 보통 손님들이 물건을 떼어가면 계산서에 적은 목록과 물건을 대조해 보지 않고 그냥 쏟아붓는 이도 있다. 물건이 모자란다고 전화했다가 나중에 보니 있더라는 전화가 온 예가 부지기수였다.

생각해보니 떠오르는 일이 있다. 그날은 깡통시장에서 온 다른 손님이 우리 가게에서 산 물건을 담은 큰 검정 봉지를 배달해 달라며 전화 온 손님 봉지 옆에 두고 갔다. 추가해 달라는 그 집 물건을 앞서왔던 다른 손님 봉지에다 집어넣은 거였다. 내 착각이었다. 나이가 드니 안 하던 실수도 하게 된다.

잠시 후에 죄송하다고 전화를 했다. 그쪽에서 그래도 문학을 한다는 사람이 어떻게 사람을 의심할 수 있느냐고 나무랐다. 그녀는 그리 오래된 단골은 아니다. 서로 성격을 잘 알지 못했다. 그래도 부처님께 맹세하건대 그 사람을 의심한 건 결코 아니었다. 한 번 더 확인해 봐도 없다면 다른 손님을 보내고 바로 보내줄 생각이었다. 그녀가, 옆에 있던 남의 봉지에 넣은 것 아니냐고 했을 때 아차 싶었다. 만약 그랬다면 벌써 그 집에서 더 들어왔다고 연락이 왔을 거라고 한 말을 오해했나 보았다. 충분히 그럴만했다.

그 손님은 저쪽 집은 믿고 나는 못 믿느냐며 맘 상했던가 보다. 그 후 우리 가게에 오지 않는다. 평소 잘 하지 않는 실수를 한 나도 마음이 상했다. 그쪽에서 마음이 상했다면 순전히 말을 잘못한 내 불찰이다. 그 점은 참 죄송하다. 그러나 문학을 하는 사람이 그럴 수 있냐는 말에는 나도 상처를 입었다. 소금을 뿌린 듯 쓰리다. 도매 장사를 이 자리에서 해 온 지 반평생이다. 가게에 온 손님에게 물건을 팔기 위해 양심을 판 기억은 없다. 오래된 단골이 아니라도 몇 번 거래해 보고는 이 집 사장은 장사꾼 같지 않다는 말을 심심찮게 들었다. 그만큼 신용을 지킨 덕분에 단골도 많다. 내 말과 글에 한 치의 어긋남이 없다고 자부했건만 문학을 들먹이니 풀이 죽었다.

팔을 다치고 깁스를 풀자마자 이런 실수까지 하게 되니 자신이 위축된다. 팔의 상처야 시간이 지나면 낫겠지만 마음의 상처는 오래갈 것 같다. 명색이 글을 쓴다는 사람은 일상생활에서 말 한 마디도 조심해야 한다는 걸 절실히 느꼈다.

나도 곧 일흔이 된다. 70세에는 마음이 원하는 대로 따라도 법도에 어긋남이 없었다던 공자님 말씀을 새겨 볼 일이다.

비밀

게으름을 피워도 좋을 날이다. 모처럼 약속이 없는 휴일에 영광도서 앞에서 시인 친구를 만났다. 사고 싶은 책도 고르고 맛있는 점심도 먹자고 친구를 꼬드겼다.

오래전 국제신문사에서 문학 강좌를 잠시 들은 적이 있다. 한국방송통신대학교에 가기 전인 2005년 초여름이었지 싶다. 여름 비수기가 아니면 가게에서 쉽게 몸을 뺄 수 없다. 신문에서 아무리 공부하러 오라고 유혹해도 어림없는 일이었다.

그때 만난 친구가 동갑인 시인 친구다. 나는 초등부터 대학까지 매번 때를 놓쳐 다녔기에 동갑 친구라곤 서넛뿐이다. 한 명은 고등학교 야간 반에서 같이 공부한 친구다. 이 친구는 난치병으로 벌써 요양원 신세를 지고 있다. 또 다른 친구들은 중학 동창인데 따로 만나 노닥거려 본 적이 없다. 이 시인 친구는 만나면 그냥 즐겁다. 정서가 비슷해서인지마음이 편한 친구다.

이 친구 덕분에 등단이란 걸 했고 작가 소리를 듣는다. 그녀가 내게 글을 쓰는 데 도움을 주거나 한 적은 없다. 나보다 등단이 2년 앞선 그는 시詩 분야고, 나는 수필이라 서로에게 별 도움은 되지 못한다. 그러나 글을 좀 더 성숙 시켜 등단하려는 내 고집을 꺾은 이가 바로 이 친구다. 등단부터 하고 나면 자연히 공부하게 될 거라는 생각이었던 것 같다.

어쨌든 그녀의 생각이 옳았다. 등단이라고 하고 보니 발등에 불이 떨어져 공부를 안 할 수가 없었다. 이것이 그녀와 같이 한국방송통신대학교 국문과로 들어간 동기다. 그가 내 인생을 바꾼 셈이다. 이런 인연이 있는 그를 영광도서 앞에서 만나자고 한 건 내 첫 수필집 『국향과 어머니』가 그 서점에 진열되어 있기 때문이다. 진열된 걸 친구와 같이 확인하고 싶은 마음이 컸다. 책을 출판한 서울의 H 문학사 말로는 서울 유명 서점 세 곳에 내 책이 진열되어 있다고 했다. 유명한 수필가가 널렸는데 무명인 나의 책이 팔릴 거라고 생각도 안 했다. 큰 서점에 책이 진열됐다는 것만으로도 뿌듯했다.

다행히 수필집을 받아 본 몇몇 선배 문인들이 첫 수필집인데 잘 썼다고 격려해 주었다. 또 서울에서 큰 기업체를 가진 고향 선배가 내 책을 고향 자기 동창 카톡에 소개했다. 책 20권을 사서 고향 동창들에게 보내겠다기에 기꺼이 책을 보내 주었다. 고향 사람들이라 공감하는 부분이 많은지 반응도 좋았다. 한동안 나를 만나러 가게로 온다는 독자들도 더러 있었다. 해서 후줄근한 작업복으로 출근해서는 안 되겠다 싶어 유행과는 거리가 먼 내가 차림새에 신경을 쓰기도 했다.

책을 내고 4년이 지난 지금은 그 열기도 다 식어버렸다. 독자로서의 나도 어느 작가의 글에 빠져 한동안 설레다가 시간이 흐르면 또 새로운 글에 매료되고 지난 기억은 희미해져 가듯이. 그래도 내 책을 지인에게서 얻어 읽어봤다는 독자 몇 분이 요즘도 가끔 가게에 와서 스카프를 사 간다. 전직 교사 몇 분도 수필집을 재밌게 봤다며 책이 또 나왔나 하고 일부러 가게에 들른다. 이들에게 을숙도 동인지를 쥐여주면 엄청 좋아들 한다. 진심으로 내 글에 공감해주는 이들이 있어 글 쓰는 재미가 붙었는지 모른다.

책이 나온 지 얼마쯤 지났을 때다. 막내 시동생이 책 20권을 영광도서에 넣는다며 가져갔다. 사장님이 잘 아는 분인데 내 책을 읽어보더니 넣으라고 했다는 것이다. 기뻤지만 걱정도 함께였다.

내 책장에도 유명작가의 수필집과 시집이 수두룩하다. 이름 없는 저자의 책은 나부터 잘 사지 않는다. 문학지만도 부지기수로 쌓인다. 책장에 다 꽂히지도 못하고 곁방살이를 하다가는 노끈에 줄줄이 묶여나간다. 해서 수필집이 나왔을 때도 꼭 읽을 사람들만 선별해서 책을 보냈다.

도매상을 운영하며 시간이 없기에 이왕이면 유명작가의 책을 보려고 노력한다. 그들의 글은 공부에 도움이 되기에 보고 싶은 책은 돈을 아끼지 않고 사서 본다. 도서관에 오갈 시간도 없거니와 내 것이 되어야 두고 다시 볼 수 있기 때문이다. 나부터가 이런데 누가 무명작가의 수필집을 돈을 주고 사서 보겠는가. 유명한 서점의 한 공간에 내 책을 꽂아준다는 것만으로도 고마웠다. 책이 들어간 지 보름쯤 되었을 때 친구를 그 서점에서 만나기로 한 것이다.

예전에 방송대학에 다닐 때는 학우들과 그 서점을 꽤 들락거렸다. 이번엔 내 책을 진열해 준 자릿값을 해야겠다고 생각해서 들렀다. 미당 서정주 탄생 100주년 기념 시집 묶음, 친구가 고른 두 권에 내 책까지 열 권을 사 들고 나왔다. 친구 카드로 산 건 내 책을 차마 내 카드로 살 수가 없어서다. 시인 친구에게도 책 두

권으로 입막음하라며 입술에 손가락을 세로로 그었다.

책이 진열된 매대 앞에서 잠깐 머리를 갸웃했다. 수필집 세 권을 누가 사 갔나 보다. 세 권이 비었다. 처음에 다섯 권을 사려고 했는데 나도 세 권만 들고 나왔다. 어디 가면 살 수 있느냐고 누군가 문의하면 고마운 마음에 가게로 오면 공짜로 주겠다고 말했다. 덤으로 스카프까지 선물하려고 했다. 혹 국문과 선후배들일까. 시동생이 내 마음과 같이 한 권도 안 팔리면 형수나 그 사장에게 미안할까 봐 샀을까. 별 궁금증이 다 일었다.

이렇게 내 첫 옥동자 세 녀석과 미당의 사후 첫 정본 다섯님을 고이 데리고 묘한 기분으로 돌아왔다. 진열 마감일까지 몇 권이 나가든지 삼촌이 대금을 받아 동서와 식사나 한 끼 하라고 일렀다. 그런데 마감일에 저자 통장으로 돈이 들어가야 한다며 대충 열권의 대금이 입금됐다. 평생 처음 쓴 책으로 마수걸이는 했으니 대만족이다. 내가 글을 써서 대형 서점에서 팔다니 꿈인지 모르겠다.

사업해서 번 큰돈보다 직접 쓴 책으로 번 돈이 말할 수 없이 뿌듯하다. 빳빳한 신권으로 찾아 책장에 모셔뒀다가 손주들이 오면 용돈으로 주고 싶다. 할미가 글을 써서 번 귀한 돈이라고 자랑도 해야지. 가게에서 손님이 없을 땐 책을 보거나 컴퓨터로 글을 쓴다. 때로는 도움도 주고 더러 방해도 하는 남편에게도 기념으로 뭔가를 사주고 싶다.

책이 나온 지 얼마 후 출판기념회를 간소하게 치렀다. 내가 속한 모임 중 세 팀만 초대해 회를 대접했다. 팀마다 책값을 내놓고 책을 들고 갔다. 그날 식대를 계산하고도 들어 온 책값이 남았으니 책을 무더기로 좀 판 셈이다.

이 글을 보면 부르지 않은 지인들이 섭섭해할지 모르겠다. 남편은 뭐든지 판을 크게 벌이는 걸 싫어한다. 그러다 보니 20년 가까이 동창 회장직을 맡고 있는 중학 동창들, 매달 만나는 국문과 동기들, 창립 때부터 같이한 을숙도 동인들만 초대했다. 지인이 하는 바닷가 넓은 횟집 2층을 통째 예약했다. 동인회에서 만든 플래카드를 걸어놓고 사위가 외국 출장 때 사다 준 양주까지 다 비웠다. 동인회 김 선생이 예정에도 없던 시 낭독까지 해서 자리를 빛내 주었다. 가족과 친지들, 고향 친구들이 빠진 자리지만 나를 위한 첫 자리라 충만감으로 행복했다.

이 글 〈비밀〉을 써놓고 거듭 읽어보던 중이다. 문득 책장에 꽂힌 강희근 교수의 '비밀'이란 시가 떠올랐다. 한국문인협회 부이사장인 그 유명한 분이 헌책방을 돌다가 오래된 자신의 헌 시집 두 권이 진열장에도 꽂히지 못하고 먼지 속에 파묻혀 사람들 발길에 닿는 것을 보게 되었다. 하도 측은하여 노숙자가 된 자기의 분신을 사서 껴안고 돌아갔다는 그런 내용이다. 초보 작가로서도 실감하는 아릿한 그림이다.

비슷한 비밀을 간직한 나도 같은 마음으로 눈물이 날 뻔했다고 다음에 또 뵙게 되면 꼭 말씀드리리라. 어떤 기회에 그분과 같은 지면에 이 글이 실리게 된다면 우연히 그분도 내 글을 볼 수도 있겠지. 〈김동리 다솔 문학〉에 그분 글과 함께 글이 실린 적도 있긴 하다. 여기엔 또 어떤 비밀이 있나 하고 그분이 눈여겨봐 주실까 기대하며 나만의 비밀도 털어놓는다.

–현대문학사조 2020년 봄호(42호) 초대석에 수록

시제時祭 소감

김해김씨 경파 문중의 시제 날이다. 신위를 모셔 둔 경남 통영시 광도면 재실로 막내 시동생을 앞세우고 떠났다. 아주버님 두 분은 돌아가시고, 이제 우리가 맏이 대신이다. 남편 아래로 시동생이 셋이나 있지만 맘 내키면 어쩌다 겨끔내기로 참석한다. 뭐가 그리 바쁜지 매년 단골로 참석하는 이는 남편과 막내 시동생뿐이다. 시제가 토요일에 드는 날이 많아 나는 고향 땅에 가고 싶어도 따라나설 수가 없다. 마침 오늘은 음력 시월의 화창한 휴일이다.

재실이 있는 곳은 남편의 6대조 할아버지 고향이다. 시아버님은 인접한 고성군에 터 잡아 살면서 유독 장남만 챙겼다. 시골에서 같이 산 큰아들은 미혼일 때도 아버지를 따라 시제에 참석했는지 모를 일이다.

설날에 세뱃돈 한 푼 달랬다가 아버지에게 뺨까지 얻어맞았다던 남편이다. 남편 위로 딸 셋과 아들 둘이, 아래로는 동생들이 줄줄이 넷이나 달렸다. 고집 센 남편이 중간에 끼여 눈치꾸러기로 자란 것은 불을 보듯 뻔하다. 형들과 누나들의 눈엣가시로 지냈다. 남편은 중학교를 졸업하고 농사일을 돕다가 견디지 못하고 고향 땅을 도망쳐 나왔다. 한 동네 초등학교 동창인 우리는 결혼 후 부산에서 야간고등학교도 동창으로 졸업하고 대학도 만학으로 번갈아 다녔다.

등 굽은 소나무가 선산을 지킨다고 했다. 남편은 내가 보기에 부모님 사후에는 제일 효자다. 부모 재산 한 푼 안 탔으면서 어머니가 돌아가셨을 때는 조부모님과 부모님 산소까지 목돈을 들여 묘비를 세우고 정비도 했다. 매년 시제 지내는 비용 24만 원을 남편이 다 부담한다. 시골 큰아주버님이 돌아가시기 전에도 목돈 드는 일은 남편이 도맡아 했다. 우리는 딸밖에 없으니 내 죽고 나면 아들 있는 동생들이 맡아 하겠지 라며.

시아버님이 돌아가신 지도 40여 년이 지났다. 시부모님이 다 돌아가시고 난 후에야 남편 뜻에 따라 시동생들이 시제에 참석하기 시작했다. 남편의 큰아버님들은 시제에 참석을 안 하셨다더니 사촌들도 많은데 아무도 참석을 하지 않는다. 그러니 시제에 어쩌다 참석한 내가 아는 이가 있을 리 없다.

오늘은 내가 따라갔으니 제사 지내는 모습을 좀 찍어달란다. 덕분에 뒤에 서서 참석한 인원을 대충 헤아려 보았다. 얼굴도 모르는 먼 일가붙이들이 다 모인 큰 행사다. 많을 때는 백여 명 가까이 모인단다. 현재 참석하는 이들 중 남편과 제일 가까운 촌수가 16촌이다. 오늘은 남자가 예순 명쯤이고 여자가 열댓 명이다. 날씨가 좋아 평균 출석률은 되는 것 같다.

신위를 모셔둔 대청마루에 제물을 쭉 진설하고 웃어른들이 한 줄로 섰다. 제주가 제문을 음률에 맞춰 승, 배(拼, 拜)하고 길게 낭독하면 모두 절을 한다. 자리가 깔린 마당에서도 그대로 따라 계속 절 한다. 예전에는 제사 지내는 시간이 세 시간 정도 걸렸단다. 요즘은 간소화되어 한 시간여 만에 끝났다.

음식을 담느라 바쁜 아래채 건넌방으로 들어가 보았다. 음식 고방인 이 방에서 제일 고참으로 보이는 나이 지긋한 세 사람이 삶은 돼지고기와 찐 생선 살을 발라내어 담아준다. 시제를 지낼 때마다 음식을 맡아 하시는 분들 같다. 시제를 주관하는 분들과 부부이거나 형제일지도 모른다. 그 외 몇 명은 과일을 깎고 떡을 담아 상을 차려 부엌으로 내준다. 부엌엔 제가 끝나면 마당으로 나갈 점심이 개다리상으로 수북이 쌓여간다. 나도 상차림 팀에 끼어 앉아 떡을 접시마다 담았다.

한데 묵과하려 해도 그냥 넘길 수 없는 일이 계속 눈에 걸렸다. 삶은 돼지고기는 맛있는 부분은 뒤로 빼놓고, 찐 생선도 값나가는 큰 돔, 참조기, 민어 같은 제사상에 진설한 맛있는 생선은 다 빼 둔다. 멀리서 온 피붙이들이 마당에서 수십 번의 절을 하고 시장할 텐데 맛난 생선은 하나도 안 담아준다. 거기다 육고기와 생선은 사인 상이 아니라 이인 상에 놓아야 알맞을 양이다.

여자 중 좀 젊은 네댓 명은 부엌 담당이다. 거기서 반은 일일 삯꾼인 듯하다. 그들은 우리가 방에서 차려 준 상에다 김치와 나물, 국을 담아 마당으로 배달한다. 일꾼들이야 시키는 대로 할 것이다. 먼 집안으로 보이는 부엌의 여자들이 육고기와 생선을 너무 적게 담았다고 번갈아 가며 몇 번이고 말한다. 좀 넉넉하게 담아 달라고. 그런데도 나중에 마당에서 적다고 하면 더 주겠다고 할 뿐이다. 설상 모자란 듯해도 그것으로 끝내지, 가까운 친지도 아닌데 누가 별나게 더 달라는 소리를 하겠는가. 남자들은 군소리 없이 주는 대로 먹고 일어선다. 하기야 떡이라도 많이 담았으니 배는 충분히 채웠을 테다.

상차림이 아무리 봐도 이상하다. 손이 큰 나도 차려진 상을 아쉬운 듯 보며 몇 번이나 부엌 편을 들었다. "저렇게 많은 돼지고기와 생선을 왜 그리 아낍니까? 좀 넉넉하게 담아주세요."하고. 부엌에서 말할 때마다 나도 따라 후렴으로 서너 번은 말한 것 같다. 내겐 아예 대꾸도 하지 않는다. 어디서 굴러온 개뼈다귀가 참견인가 하는 눈치다.

보통 시제 비용이 한 번에 사오백 만 원이나 든다고 들었다. 선조 4대조까지 올렸다니 시할아버지 대까지다. 현재 기제사를 지내는 부모님들은 다음 대에 오를 것 같다. 나도 미혼으로 돌아가신 시형님 부부 제사를 지낸 지 수십 년이 넘었다. 하여 돼지 한 마리 잡으면 얼마쯤인지, 생선이 저 정도면 얼마가 될지 대충은 짐작할 수 있다. 각 집안에서 갹출해서 지내는 비용이라 팔월 중 시조 벌초 일에 다시 모여 시제에 들어간 비용을 공개한다고 들었다.

그것 때문에 먼 곳에서 다시 오는 이가 몇이나 될까? 우리도 그런 계산서를 한 번도 구경한 적이 없다. 투명하게 하려면 지난해 든 비용을 지금 공개하는 게 맞지 않을까. 그렇다고 고생하는 그분들에게 따지고 싶지 않다. 다만 해놓은 음식은 골고루 좀 나눠 먹어야 할 것 아닌가.

이유를 나중에야 알았다. 시꺼먼 비닐에 좋은 음식은 다 집어넣는 것을, 그것도 거의 열 봉지나 싸는 것을. 심지어 돔이 너무 커서 안 익었다며 가서 익혀 먹는다며 통째 다 넣었다. 생선을 쪄 놓고 쇠젓가락으로 큰 놈 한 마리만 시범으로 찔러보면 익은 것은 쑥 들어간다. 매년 음식을 맡은 이가 그걸 모를 리 없다. 몇 마리나 되는 큰 돔을 익히지도 않고 조상님 시제 상에 진설했단 말인가! 나눠 먹지 않으려는 꼼수요, 핑계로만 보인다.

부산서 내려온 먼 일가 뻘이 있었다. 초면이었다. 고부가 함께 와서 과일을 깎으며 나와 같이 상차림을 거들었다. 그 시어머니 되는 분에게 귓속말로 물었다. "왜 저분들이 음식을 좋은 것은 다 싸갑니까?"라고. 그는 내게 눈을 몇 번이고 끔벅거리며 아무 말도 하지 말란 눈치다. 매년 그런단다. 방안에서 일을 거든 사람들에게는 집에 갈 때 싸구려 생선 한 마리씩은 싸 준다고. 마당에 나가 남편에게 살짝 얘기를 해봤다. 남편 역시 아무 말도 하지 말라고 한다. 아마 제사 지내느라 수고한 분들 챙겨주는 것 같다고.

김해가 고향인 대학 동창에게 물어보았다. 자기들은 시사時祀(시제의 또 다른 말)를 지내고 남은 음식은 골고루 나눠 싸 준다고 했다. 조상이 남겨준 제수답祭需畓을 밑천으로 시제 비용도 개인 부담은 일절 없다고 했다. 그의 친정이나 시가가 옛날에 양반가라 그런지 본받을 만하고 부럽다. 우리 조상님은 가난해서 제수답을 자손들에게 남기지 못했을 수도 있다. 다만 오늘 참석한 일가들이라도 조상님을 기리는 날이니만큼 좀 푸짐하게 대접했으면 하는 것뿐이다. 어릴 때 동네 뒷산에서 시사를 지내면, 온 동네 아이들은 떡 얻어먹는 맛에 몇 시간이고 조잘대며 기다렸다. 시사는 조상을 기리는 잔치에 버금간다. 입바른 소리를 잘하는 내가 행여 분란을 일으킬까 손을 내젓는 남편 때문에 참고 왔다.

시골 아주버님도 생전에 불합리가 눈에 보여 자주 시제에 빠졌는지 모른다. 그 밀린 회비까지 남편이 다 물어내고 참석하고 있는 자리다. 나도 앞으로는 참석하지 않을 생각이다. 남편도 다녀봤자 십 년 안팎일 것이다. 그래도 잘못된 관습은 고쳐야지 하는 생각이 자꾸 비집고 든다.

요즘은 시제 음식을 맞추면 배송해주고 진설까지 다 해주는 배달업체도 많단다. 거기다 참석한 자손들의 점심 시중까지도 책임진단다. 우리가 아니면 누가 맡아 할까 하는 자만심이 아니었으면 좋겠다. 지난해 시제 땐 날씨가 쌀쌀하기에 머플러라도 한 장씩 선물하라고 했더니 남편이 손을 내젓는다. 기부하고 싶은 마음마저 앗아가는 시제 관습이다.

일을 거들었다고 싸 주는 생선 한 마리도 마저 다 가져가시라고 말하고 싶었다. 그러나 돌아오는 길에 고향 친구를 만나기로 했기에 못 이기는 척 들고나왔다. 아내를 수년째 요양원에 보내놓고 혼자 허허롭게 고향 집을 지키는 친구가 있다. 읍내로 들어가 술을 사고 챙겨간 선물도 들고 친구를 찾아갔다. 막걸리 한 병을 친구와 둘이서 비웠다. 이름도 모르는 생선 한 마리가 순식간에 뼈까지 사라졌다. 싱싱한 생선을 꾸들꾸들 잘 말려 찌면 값싼 생선이라도 맛은 있으니까.

싱싱한 해물이 들어간 매콤한 부침개 하나 없다며 부산으로 오면서도 연신 구시렁댔다. 운전하랴 고향 친구와 술 한 잔 못한 남편에게 마치 잘못이라도 있는 것처럼. 그 큰 비용을 어디에 다 썼을까.

요술 쌀 포대

보던 책을 막 들고 앉았을 때다. 수정동에 사는 셋째 형님(누님)에게서 전화가 왔다. 평상시 음성이 아닌 매우 격앙된 어조다. 잘 지냈냐는 인사도 없이 대뜸 "며칠 전 시골 큰집에서 보내온 쌀이 어떻더노?" 하신다. "이번 쌀은 괜찮던데요. 왜요? 형님" 하고 별생각 없이 대답했다.

며칠 전 시골 큰집 조카가 주고 간 쌀이 너무 안 좋아 도저히 밥을 못 먹겠다고, 산에 등산갈 때마다 지고 가 새들에게 줘버릴까 하다가 차마 그러지도 못하고 속이 부글부글 끓어올라 안정제를 먹고 며칠 끙끙 앓다가 너희 집에 전화했다고 한다. 쌀이 아까

우면 주지 말든지, 주려면 먹을 수 있는 쌀을 주든지 할 것이지. 오래 묵혀둔 정부미인지 밥에 풀기가 하나도 없어 도저히 못 먹겠다고, 사람을 무시해도 유분수지 이럴 수가 있냐고 다음부터는 절대로 우리 집엔 쌀 보내지 말라고 전하라며 하소연하신다.

자초지종을 듣고 아차 싶었다. 우리도 쌀이 안 좋다고 할 것을, 다 같은 쌀인 줄 알았다. 꼭 내가 죄를 지은 모양으로 움츠러들었다. 우리 쌀도 그리 좋은 것 같지 않지만 형님네 것과 바꾸어 드리겠다고, 우리는 못 먹으면 떡을 해서 시장에 나눠 먹으면 된다고 형님을 달랬다. 형님은 싫다며 펄쩍 뛰신다.

시골 큰집에서 가끔 쌀 20kg 포대를 보내오기 시작한 게 큰 조카가 결혼해 부산에 살고부터다. 십여 해가 다 되어 간다. 남편이 시골 부모님 제사에 대표로 내려가면 차 뒷좌석에 형수님이 쌀을 실어주며 “이 포대는 큰 삼촌 것(우리 것), 저쪽은 작은삼촌 것, 또 하나는 고모네 것”이라고 일일이 지적해주며 쌀 세 포대를 실어줬단다. 그런데 남편은 부산에 도착해서는 다 잊어먹고 동생네, 누님네, 맘 내키는 대로, 아니 길 지나는 순서대로 나눠주고 남은 것은 우리 몫으로 들고 왔다.

내 말도 귓전으로 흘리고 몇 시간 후면 언제 그랬느냐는 남편이 형수 말을 꼼꼼히 듣고 기억할 리 만무하다. 설상 우리만 좋은 쌀을 따로 주는 줄 알았다면 그 사실을 알고 들고 올 남편도 아니다. 주려면 다 같은 것으로 주고 아니면 관두라고 내팽개칠 성격이다. 더구나 누님댁 매부는 우리보다 나이가 여남은 살이나 많고 부부가 건강도 좋지 않다. 온 가족이 함께 살기 때문에 친정에서 먹기 힘든 쌀을 생색내며 보내왔다면 며느리들 보기에도 체면이 말이 아닐 것이다.

쌀 포대가 요술을 부리기라도 하는 건가. 우리 집에도 어떤 해는 쌀이 좋다가, 어떤 때는 먹기가 힘든 쌀이다가 변화를 반복했다. 벼 종류도 많으니 올해는 돈을 사기 위해서 소출이 많은 벼를 심었나 생각할 따름이다. 몇 해 전에도 우리 집에 온 쌀이 너무 안 좋았다. 밥을 두 끼 지어 먹고는 형님이 사는 지역 동사무소에 실어다 줘버렸다. 그 동네 노부부가 쌀이 떨어져 끼닛거리가 없다고 하루 전날 신문에 나온 걸 봤기 때문이다. 그때도 별생각 없이 남편이 쌀을 싣고 갔는데 후에 얼마나 후회했는지 모른다. 좋지 않은 쌀을 몸도 성치 않은 노부부에게 보내다니, 차분히 생각해 보고 행동에 옮겼어야 했다. 노부부는 어디 밥맛을 못 알아채겠는가.

어느 해는 찹쌀을 섞어서 밥을 하면 좀 낫다기에 두어 끼 그렇게 해 먹기도 했다. 그래도 도저히 먹을 수가 없어서 몽땅 절편과 가래떡을 만들어서 시장에 나눠 먹었다. 그때 부산 사는 형님에게도 가래떡을 드렸다. 아마 다 같은 쌀인 줄 알았을 거다. 아니, 그때도 우리가 안 좋은 쌀을 들고 왔으니 다른 집에는 좋은 쌀이 당첨되었는지도 모른다. 쌀이 안 좋아 못 먹겠으니 보내지 말라는 말은 차마 할 수 없었다. 부산 형님도 속을 끓이면서도 직접 말을 하지 못하고 입바른 소리를 잘하는 내게 미룬다. 식구도 없고 입 짧은 나에겐 좋은 쌀을, 식구 많고 도움도 안 되는 형제들에겐 안 좋은 쌀을 보내려고 했던 것 같다.

장남이나 큰며느리는 형제간 우애를 다지는 일에 소홀해서는 안 되는 줄 안다. 형제들이 시골 큰댁 부모님 제사에도 안 가고 발을 끊은 데도 그만한 이유가 있지 않을까?

'욕심 많은 아주버님 부부가 부모님의 논밭을 다 차지하고도 형제들에게 쌀 한 말 줄 줄 모르더니, 며느리를 들이고 철이 좀 드나 보다.' 처음 쌀이 왔을 때 남편 앞에서 나도 모르게 흘러나온 말이다. 부모님 땅에서 나온 쌀을 동생들에게 주려고 늦게라도 맘먹었으면 차별 없이 먹을 수 있는 쌀을 보냈어야 옳지 않았나 싶다.

큰아주버님이 오토바이 사고로 중환자실에서 사경을 헤맬 때도 남편이 병원비를 보태가며 병원을 드나들었다. 급할 때 찾는 게 형제들이 아닌가. 쌀값이 차이 나야 얼마나 날 거라고 차별을 두는지….

이제는 쌀을 보내지 말라고 내가 대표로 꼭 전할 생각이다. 말주변이 없어 감정부터 앞설까 걱정이다.

일흔 되어 돌아보니

자정에 잠자리에 드는 게 버릇이 됐다. 대신 한 번 잠자리에 들면 중간에 깨지 않는다. 아침 여섯 시 반쯤이면 눈이 떠진다. 요즘은 간혹 잠이 안 올 때가 있다. 침대에 누워 오만가지 상념에 잠긴다. 오늘 밤도 일어났다 누웠다 하다가 결국 도로 일어났다. 늘 머릿속에 상주하던 소녀 시절의 추억을 글로 풀어놓아야 쉬이 잠을 이룰 수 있을 것 같다. 여남은 살부터의 기억을 한 짐 부려놓아야 할까 보다.

초봄에 못자리의 모가 한 뼘쯤 자랄 즈음이면 하는 일이 있었다. 날이 밝기가 무섭게 소쿠리 하나 챙겨 들고 동네 앞들로 논고동(민물 우렁이)을 주우러 가는 일이다. 차가운 모판의 물고랑을 따라 인상을 쓰며 첨벙첨벙 걸어간다. 가다 보면 허연 혀를 길게 내밀고 먹이를 찾아 나온 논고동이 여기저기서 식욕을 채우고 있다. 인기척에 놀라 내밀었던 혀를 까만 껍질 속으로 급히 감춘다. 나도 비슷한 속도로 재빠르게 고동을 집어 소쿠리에 주워 담는다. 고동이 많이 잡히면 추워서 굳었던 얼굴에도 미소가 번진다. 모심기 전의 무논에서도 잡고 웅덩이 가에 붙은 놈들도 잡아 많을 때는 반 소쿠리나 채웠다. 크기가 보통 단감만 했으니 한 시간쯤 돌고 나면 제법 큰 대소쿠리가 묵직했다.

학교에 갔다 오기가 바쁘게 이삼일 모아 물에 담가둔 고동을 삶아서 깐다. 이것을 우리 걸음으로 삼십 분이나 걸리는 읍으로 가 시장 끝 난전에 앉아서 팔았다. 민물 우렁이를 시골에서는 그냥 논고동이라고 불렀다. 고급 술안주로 팔려나가 남겨 오는 일이 없었다. 혼자서 삼일 정도 모아도 두어 대접 양밖에 되지 않는다. 귀하니 가격도 짭짤했다. 아침 찬물에 발을 담그기 싫어 우거지상이 되어도 우리 또래의 용돈 벌이로는 최고 인기였다. 모심기가 끝나고 늦봄이 되면 고동도 자취를 감추어 나물이나 쑥을 뜯으러 다녔다.

여름으로 접어들면 송사리를 낚으러 다녔다. 기다란 장대 끝에 체를 단단하게 꿰어 묶어 나선다. 저수지나 큰 웅덩이, 동네 앞을 가로지르는 농수로 적당한 장소를 찾아 앉는다. 준비한 체를 물속에 쑥 넣고는 미끼로 준비해 간 보릿겨를 버무려 한 숟가락 정도 손으로 체 위에 슬슬 뿌리면 송사리 떼가 몰려든다. 적당한 시기에 장대를 물 위로 쑥 올리면 송사리가 은빛 비늘을 반짝이며 체 바닥이 안 보일 정도로 파닥거리며 많이 올라올 때도 있다. 같은 자리에서 몇 번 낚고 나면 그들도 눈치를 채 몇 마리 안 올라올 때까지 앉았다가 돌아온다.

송사리는 성질이 급하다. 그날 잡아 그날 팔지 않으면 다 죽어버린다. 양동이에 송사리와 물을 함께 담아 읍내 장터에 이고 간다. 못 팔고 남았거나 죽은 것은 집으로 가져와서 풋고추를 다져서 조림해 먹으면 기똥차게 맛있다. 여름에는 텃밭에 어머니가 심어 가꾼 풋고추나 풋마늘, 들깻잎을 예쁘게 묶어 함께 가져가 팔기도 했다. 이런 일들은 소녀가 하기에도 별로 힘들지 않았다.

시골에서 가장 힘이 들 때는 가뭄이 들 때다. 아랫논에서 윗논으로 물을 바가지로 퍼 올리고 논매기하는 일이었다. 우리 논은 산 밑 삼백 평이 천수답이었다. 농수로와 연결된 아랫논에서 어머니와 내가 물을 퍼 올려야 했다. 호적이 늦은 탓에 뒤늦게 들어간 초등학교 고학년일 때는 오빠는 벌써 중학을 졸업하고 언니와 함께 부산 국제시장으로 취직해 가고 없었다.

논의 김매기는 남자들이 없는 집에는 큰 고역이었다. 땀을 팥죽같이 흘리며 허리도 펴지 못했다. 논을 반쯤 기다 나오면 회초리처럼 가는 다리에 거머리가 몇 마리씩이나 붙어 있었다. 피를 얼마나 빨아먹었는지 떼어내면 올챙이처럼 배가 똥그랬다. 거기다 물논의 풀을 뽑다가 물뱀까지 만지면 기겁했다. 논매기만 아니면 어떤 힘든 일도 해낼 수 있겠다는 생각까지 들었다. 초벌 김매기는 좀 나은 편이다. 마지막인 세 번째는 나락 잎이 얼굴을 할퀴어 엎드린 채 한 고랑을 매고 나오면 허리가 빠질 듯이 아팠다. 이런 일들은 몸이 허약해 비실거리는 어머니를 두고 고향을 떠나온 계기가 되었지 싶다.

늦여름에서 가을까지는 미꾸라지도 가끔 잡았다. 웅덩이를 접한 논배미나 농수로에도 미꾸라지가 많았다. 같은 곳을 몇 번이나 뒤져서 미꾸라지가 없을 때는 동네 앞 웅덩이 옆 뻘밭을 손 호미질했다. 배때기가 누런 커다란 미꾸라지가 손에 잡히면 새끼 뱀인가 하고 놀라 집어 던지기도 했다. 나락이 누렇게 익어가기 시작하면 새 쫓는 일도 내가 하는 일이었다.

겨울에 힘든 일은 산에 나무하러 가는 일이다. 어머니가 몸이 아프니 내가 열여섯 살까지 시골에 사는 동안은 땔나무를 책임져야 했다. 농사가 적어 벼를 훑고 나온 짚이나 콩대로는 일 년 땔감으론 태부족이었다. 그러니 겨울방학이면 소나무 낙엽을 긁어모아 땔감으로 텃밭 가에 쌓아 두고 사용했다. 가까운 산은 가을부터 땔감이 동이 나버려 땔감이 지천인 먼 산까지 다녔다. 땔감으로 난방까지 해결하니 동네와 가까운 산은 곳곳이 벌거숭이가 되어갔다. 생솔가지를 꺾어 마른 풀 속에 숨겨 오기도 예사였다.

군에서도 생솔가지를 꺾는 것을 법으로 금했다. 곡식이 귀해 집에서 담가 먹는 막걸리까지 조사를 나왔다. 동네에 생솔가지와 술 치러 나왔다는 소문이 돌면 술독을 큰 아궁이 속에 집어넣고 앞에만 식은 재를 수북하게 쌓아 조사를 피했다. 생솔은 며칠만 지나면 누렇게 떠서 가랑잎 속에 파묻어 두면 표시가 나지 않았다. 저녁이면 고구마를 썰어 말린다. 빼때기를 만들어 간식으로 먹고 강낭콩을 넣고 죽도 끓여 먹었다.

그래도 배를 곯지는 않았다. 집 앞에 넓은 들이 있고, 조금만 나가면 바다도 있어 배고픔은 모르고 살았다. 바다에서는 조개도 캐고 파래도 뜯어왔다. 들에는 나물이 지천이니 장에 내다 팔기도 했다. 반찬 없이 밥을 먹은 적도 없다. 부지런하면 굶을 일은 없다는 걸 그때 터득했다고 해도 틀린 말이 아니다.

저녁을 먹고 나면 이웃한 큰 동네로 뛰어갔다. 백여 가구에 달

하는 동네 복판의 회의실에서 야학이 시작되기 때문이다. 배운 이들이 4H 활동으로 나이 제한 없이 글을 깨치려는 이들을 모아 가르쳤다. 큰 동네로 넘어가는 산길 앞에는 아편쟁이 중늙은이가 움막을 지어놓고 혼자 살고 있었다. 문둥이가 보리밭에 숨었다가 아이들의 간을 빼먹는다는 말이 떠돌던 때다. 두어 시간 공부하고 나오면 깜깜한 밤이라 움막을 지나칠 때면 달리기 선수처럼 내달았다. 호적에 2년이나 늦게 올라 또래들이 초등학교에 갈 때 나는 야학에서 대충 한글을 떼고 3학년으로 월반해 들어갔다.

예전 시골에선 밤에도 노닥거리지 않았다. 어른들은 새끼를 꼬고 가마니도 짠다. 누에도 쳤다. 삼베와 명주 베 짜기도 어머니가 하는 일이었다. 어머니는 명주와 삼베를 짜서 명절에 옷도 해주시고 혼숫감으로도 주셨다. 지금도 우리 집 장롱에는 어머니가 짜 주신 고운 삼베가 내 남편의 수의 감(죽음 옷감)으로 들앉아 있다. 영리한 어머니가 사후에 산소를 돌볼 이도 부산 사위밖에 없을 거라고 남겨주신 선물같다. 누에 밥이 모자라면 밤에 먼 밭둑으로 남의 뽕잎을 따러 이웃 사이에 끼여 따라가기도 했다. 누에고치를 만들기 직전의 먹성 좋은 생명을 죽일 수는 없었다. 뽕잎이 모자라 혼이 나고는 더는 누에를 치지 않았다. 대신 돼지도 키우고 염소 풀 먹이러 다니기도 했다.

부산으로 와서부터는 낮엔 일하고 밤엔 공부했다. 참 바쁘게도 살았다. 아무리 힘든 일도 더운 날 논매기와 머리가 얼얼하게 이고 다닌 나뭇짐을 생각하면 아무것도 아니었다. 남들의 몇 곱절 일했기에 그만한 대가도 절로 따라왔다.

평생을 하루도 허투루 살지 않았다고 자신한다. 자식들에게 부모로서 할 의무도 잘한 것 같다. 마지막 가는 길에도 후회 없이 잘 살았다고 말할 참이다. 한데 칠순이 되어 돌아보니 그게 아니다. 아등바등 살아온 발자취가 서글프다. 다 놓고 갈 터인데 왜 그리 아득바득 살았을까 싶어지는 것이다. 자식들에게도 공부와 재산보다는 가족애를 가르쳐야 했다. 일 구덩이에 빠져서 가족끼리 여행 한 번 못 가 보고 결혼을 시켰다. 놓친 내 공부를 채우느라고 가장 귀중한 걸 놓친 건 아닐까 싶어진다.

칠월 백중 영가재

매년 칠월 백중이면 다니는 절에서 영가들 재를 지낸다. 시아버님과 시어머님은 물론이고, 스무고개를 넘자마자 목숨을 놓아버린 시숙을 영혼 결혼 시키고 제사 지내는 시숙부부가 시가 영가들이다. 친정 어머님과 친정 두 아버님, 뒤늦게 올린 어린 영가 둘까지 모두 아홉 영가다.

이날 만큼은 바쁜 일도 접어 둔다. 돌아가신 어른들의 넋을 위로하고 좋은 곳에서 편히 쉬길 염원하며 단체로 올리는 우란분절 천도재다. 돌아가신 영혼치고 이생에서 한없는 영가가 있을까마는 나이를 더할수록 더 생각나고 가슴 아픈 일이 있다. 그것은 내가 첫돌도 안 돼 돌아가셔서 얼굴도 모르는 내 아버지 때문이 아니다. 내 몸에 자리 잡았지만 형편상 지워야 했던 어린 영가 둘이다.

칠십 년대 초반에는 생활이 다들 어려웠다. 큰 죄의식 없이 여자들이 낙태 수술을 받았다. 차라리 법으로 금지했더라면 제아무리 어려운 환경 중에도 예방책을 세우기나 했을 것이다. 스물 갓 지난 철없는 나이로 동거하는 중이었다. 대책도 없이 아기를 가졌다가 지울 수밖에 없던 시절이었다. 호적이 늦어진 남편이 뒤늦게 군에 가야 했기 때문이다. 지금 와서 변명해봤자 엎질러진 물이나 매한가지지만 가슴속에서 지워지지 않는 아픔이다.

어린 영가들아! 어떤 인연으로 내게 와서 자리 잡자마자 혹독하게 쫓겨났는지 미안하다. 엎드려 사죄하고 또 사죄한다. 어느 좋은 곳에 다시 태어나 만복 누리며 살라고 빌어주지도 못했다. 그때는 철이 없었다고, 잘못했다고 속죄한다. 아무리 빈다고 죄가 없어질까마는, 우는 아이 젖 한 번 더 준다는 심정으로 빌다 보면 용서를 해 줄는지. 참회 염불을 하다 보면 어느새 눈물이 흐른다. 이 눈물 속에 너희를 향한 속죄의 마음을 풀어놓으며 뒤늦게 철든 가슴이 아프다.

백중에 지내는 천도재는 하루만에 끝나지 않는다. 49일 동안 일주일에 한 번꼴로 재를 지내며 막재 날인 백중에 회향한다. 신축년 올해는 삼재, 사재, 오재 날이 모두 일요일이라 참석했다. 초재도 토요일이지만 음력 6월 초하루라 출근길에 영단에 예를 올리고 왔다. 백중날까지 다섯 번을 참석할 수 있겠다. 매년 천도재를 지내지만 올해는 최고의 출석률이다.

오늘은 양력으로 8월 1일, 사재 날이다. 더 늘어나는 변이 코로나 바이러스 영향으로 신도들이 삼재 때보다도 훨씬 줄었다. 신도가 많으면 시집, 친정에 대표로 물 한 잔씩 올려놓고 절을 한다. 오늘은 줄을 서서 기다리는 이들이 없다. 모처럼 영가 수대로 잔도 올리고 돈도 올리고, 절하고, 어린 영가들을 위해 들고 간 과자도 올리고 재를 잘 지냈다. 시국 탓에 점심 공양은 계속 떡이다. 영단에 올렸던 떡 한 조각을 넘기자니 목이 멘다.

홍의장군의 혼을 찾아

추석 연휴 나흘째다. 오전에 일찌감치 남편과 의령으로 향했다. 망우당 곽재우의 생가를 찾아가는 길이다. 다른 날 같으면 여행길엔 으레 고향 동창들과 동행했을 테다. 모처럼 조용히 천강 홍의장군 자취를 더듬고 오자며 메모지만 챙겨 들고 나선 참이다. 우리 부부는 경남 출신이지만 의령은 초행길이다.

부산에서 두어 시간 걸렸을까. 내비게이션이 가리키는 대로 함마대로를 달리다가 일반국도로 들어섰다. 정곡 4길을 지나니 삼성 고 이병철 생가 팻말도 보인다. 광복을 코앞에 두고 돌아가신 백산 안희제 독립운동가도 의령 출신이다. 조그만 군 소재지 의령에 이렇게 큰 인물들이 많이 나왔다고 감탄하며 세간 2길로 들어섰다. 홍의대장군 곽재우 생가가 있는 곳이다.

말을 탄 곽재우 장군 동상이 우리를 반긴다. 첫 의병대장 홍의대장군에 관해서는 학창 시절에 배워 조금 알고 있었다. 첫 시집을 내고 두 번째 수필집을 내려고 써 둔 미발표 글이 열댓 편 있지만, 그래도 천강문학상 응모엔 홍의장군 관련 글을 한 편이라도 넣어야지 하는 마음이었다.

생가에 들어가기 전 푯말에 '경상남도 의령군 유곡면 세간2동길 33'이란 현지 주소가 붙어있다. 세간마을은 곽재우 장군 어머니의 친정 마을이라고 그 아래에 적혀있다. 그의 부친 곽월과 모친 진주 강씨가 혼인하면서 그 당시의 풍습대로 부친이 본가가 있는 현풍에서 떠나와 살면서 이곳에서 장군이 태어나고 자랐단다. 생가는 조선 중기 사대부의 전형적인 가옥구조다. 담 너머로 살펴본 외형도 장군의 활달했던 필체처럼 우람하고 돌담의 맵시 또한 날렵하다.

가는 날이 장날이라던가. 매표소도 생가도 문이 굳게 닫혔다. 생가 대문 위 알림 푯말로 보아 하루 이틀 임시 휴관이 아닌 듯하다. 볼일이 있는 분들은 연락처로 문의하라는 설명까지 붙여놓았다. 코로나 19 때문인지 추석 연휴라서 그런지 알 수는 없었다.

방문객이 적어 안내원을 상주시키지 못할 수도 있겠다.

생가 주위를 돌아보았다. 우리와 비슷한 시간에 도착한 중늙은이 남자 둘, 걸음마를 시작한 예쁜 딸을 앞세운 젊은 부부가 멋지게 가꿔놓은 나라꽃 무궁화공원 앞에서 노니는 게 방문객 전부다. 한 폭의 그림 같다. 이렇게 넓은 뜰이 있어서 의병들을 모아 훈련 시킬 수 있었겠다. 적막한 뜰에 의병들의 고함이 들리는 듯하다.

600살쯤 되었다는 큰 은행나무가 열매를 주렁주렁 매달고 생가를 지키고 있다. 젊은 곽 장군의 나라 사랑하는 마음을 진즉에 꿰뚫어 보고 응원했을 성싶다.

1592년에 임진왜란이 일어나자 이곳 세간마을에서 전쟁 발발 9일 만에 자비로 열 명이란 소수의 의병을 일으켰다. 그 의병이 일본의 정예군과 맞섰다니 생각할수록 놀랍다. 마을이 예사롭게 보이지 않는다. 열댓 가구가 겨우 될까 싶은 세곡마을 골목길을 걸어보았다. 마을 앞으로 노랗게 익어가는 벼가 추수를 기다리고, 마을 뒤로는 장군의 기상처럼 푸르른 산이 잘 어우러진 전형적인 농촌 마을이다.

홍의장군이 개구쟁이 골목대장으로 뛰어다녔을 골목길로 들어섰다. 작은 발소리에도 어느 집의 개가 밥값을 하겠다고 짖어댄다. 개 주인이 반가운 손님이라도 오는가 싶어 빼끔히 내다본다. 개가 짖지 않았으면 마을이 텅텅 비었나 싶었을 거다. 다음날이 추석 연휴 마지막 날이라 그런가. 아까 본 관광객도 벌써 돌아갔다. 마을에 보이는 인적이라곤 우리 부부뿐이다. 그 골목길을 혼자서 천천히 돌아보았다. 홍의장군이 걸어 다닌 길이려니 생각하며. 아! 이 동네 사람들은 얼마나 자부심이 대단할까. 이 작은 마을에서 태어나 거름강을 중심으로 활동한 홍의장군은 허술한 재래식 무기로, 무장한 일본군을 상대해 승리했다. 설령 전쟁에서 패배했더라도 전국에서 첫 의병을 일으킨 본보기가 되었다. 그 공을 후손인 우리가 어찌 잊겠는가. 그 이름, 그 영광, 영원하리.

인근의 박진로를 타고 창녕 화왕산으로 이동했다. 홍의장군이 수십 번도 더 다녔을 길을 밟아 가는 길이다. 정유년에 왜적이 다시 쳐들어왔을 때도 홍의장군은 창녕의 방어사로 수성전을 펼쳐 화왕산을 지켜냈다고 한다. 정유재란 때는 밀양, 영산, 창녕, 현풍의 네 고을에서 군사를 이끌고 화왕산을 지켜냈다. 전라도의 길목도 막았으니 전국을 두루 지켜낸 셈이다.

화왕산 억새를 보고 싶었다. 의령에서 가깝고 홍의장군도 활동한 무대이니 온 김에 가보기로 했다. 3코스인 도성암에서 출발했을 때 산을 오르는 이는 드물다. 벌써 내려오는 등산객들뿐이라 조금 불안하기는 했다. 하산하는 이들이 멧돼지 똥을 많이 봤다고들 한다. 잔뜩 긴장해 방어용으로 묵직한 나무둥치 하나를 골라서 지팡이 삼아 짚고 올라갔다. 돌부리와 고목 뿌리가 뒤엉킨 언덕배기를 걷고 쉬기를 반복하며 두 시간을 오르고는 기듯이 내려왔다. 등산을 몇 년 만에 간 우리에게는 고행길이었다.

바람에 끝없이 나불거릴 억새만 생각하며 오른 해발 756.6m 고지다. 평생을 살면서 올라 본 가장 높은 고지다. 정상에 서니 빼어난 풍경에 감탄하는 소리가 곳곳에서 들린다. 하지만 뇌리에서는 실망하는 기색이 완연하다. 티브이 화면을 채우고 허우적거리던 억새는 나 잡아보란 듯 또 저만치 아래로 펼쳐진다. 골짝의 빼어난 절경에 취해서 올라올 때의 피로감도 잠시 잊고 넋을 놓고 퍼더앉았다.

그 옛날 호랑이 담배 피우던 시절에 길도 없었을 산속을 오가며 홍의장군은 어떻게 그 많은 왜적 떼와 맞설 생각을 했을까? 한 시대에서 활약했던 이순신 장군의 '죽기를 각오하면 살고, 살려고 하면 죽는다.'라는 말을 홍의장군도 같이 응용한 것일까. 그의 스승 조식도 홍의장군에게 외손녀를 줄 만큼 그 인물됨을 진즉에 알아본 모양이다.

불어오는 바람에 약속이라도 한 듯 오직 한 쪽 방향으로만 고

갯짓하는 억새들! 홍의대장군 부하들이 장군의 명령에 말없이 움직이는 듯하다. 검은 머리가 은발이 된 채 오직 나라를 향한 외골수 같다. 수십 미터의 아찔한 골짝을 내려다보며 절경에 흠뻑 빠졌다가 남편이 하산하자는 독촉에 후다닥 털고 일어섰다.

하늘거리는 억새밭을 보고야 말겠다는 욕심으로 애먼 남편까지 고생을 시켰다. 엉덩이가 우리하게 아프다는 그를 끌고 화왕산을 힘겹게 올랐다. 정상을 코앞에 두고 평소에 없던 어지럼증까지 일어 그만 하산하자고 그의 의중을 떠보았다. 집에 가면 또 화왕산 억새, 억새 할까 봐 무조건 정상까지 가겠단다.

산이라곤 동아대학교 뒷산 정상에 올라 본 게 전부다. 뚜렷한 목적이 있었기에 가능한 일이었다. 무모한 할멈 때문에 내 영감 욕 많이 봤다. 철없는 주인 때문에 내 손발도 고생했다. 평생 해보지 않은 경험을 했으니 다 홍의장군 덕분이 아니겠는가. 모처럼 등산다운 산행을 했다. 몸도 마음도 한결 씩씩해진 것 같다. 홍의대장군 만세다.

秋 찻잔과 맞바꾼 모과향기

대청동 신혼집

일터에서 내달으면 이삼 분 내로 닿는다는 이유로 덜컥 집을 얻었다. 그보다는 전세가 싸다는 조건이 맞아 신혼집을 국제시장에서 가까운 대청동에 마련했다고 하는 게 맞겠다. 부은 지 몇 달도 안 된 곗돈을 미리 탔다. 전셋돈 백만 원을 겨우 맞췄다. 양가 도움 없이 시작한 결혼이고, 대청동 평지로 내려온 것만도 감지덕지해 방을 구하러 간 첫날 앞뒤 안 가리고 바로 계약해 버렸다.

이 집이 신혼의 첫 집은 아니다. 영도 신선동에 살던 남편의 셋째 누님이 울산으로 이사 가면서 우리가 그 집에서 몇 개월을 살았다. 그러다 남편의 입대를 앞두고 가게와 가까운 곳으로 급히 옮긴 것이다. 1975년에 이 집에서 첫딸을 낳았다. 호적에 늦게 오른 남편은 그 아이가 백 일도 되기 전에 입대하게 됐다. 큰 방 하나에 재래식 작은 부엌, 마당 한쪽에 공동화장실이 있는 낡은 집이었다. 시골에 계시던 편찮은 친정어머니가 오셔서 눈만 뜨면 가게에 가야 하는 딸 대신 외손녀를 떠맡았다.

결혼을 몇 달 앞두고 작은 도매상을 개업했다. 가게에서 집까지 아기에게 젖을 먹이려고 오가야 했다. 한데 가게에 손님이 끊이지 않아 도저히 젖 먹이러 갈 짬이 나지 않았다. 할 수 없이 다리가 불편한 어머니가 아기를 업고 가게를 들락거리게 되었다. 집이 가까워 다행이었다.

그런데 이 집에 생각지도 못한 큰 복병이 포복해 있을 줄은 미처 몰랐다. 떼를 지어 다니는 바퀴벌레, 속칭 강구였다. 아기가 종일 머무는 방안에 약을 칠 수도 없었다. 강구나 쥐를 잡는 찍찍이를 사다가 달달한 홍시 등을 미끼로 놔두면 강구가 숱하게 들러붙었다. 잡아도 잡아도 어디서 나오는지. 눈앞에서 달아나는 강구를 싸리 빗자루로 휙 쓸어 마당으로 날리는 게 퇴근 후에 하는 일이었다. 어디 한두 마리라야 눈 질끈 감고 신문지를 덮어서 밟기라도 하지. 고희가 다 된 지금도 모기 한 마리 손으로 못 잡는데 스물다섯 새댁은 오죽했으랴.

바다가 가까워서였을까. 너무 오래된 집이라 그랬을까. 그도 아니면 이웃의 농담처럼 돈을 많이 벌 징조였을까. 돈벌레라며 이웃들은 위로했지만 벌레를 유달리 무서워하는 나는 징그러워 견딜 수가 없었다. 아기도 걱정이라 쉬는 날에 방에 약을 쳐놓고 종일 나갔다가 들어오기도 해봤다. 그러나 강구는 개체만 좀 줄었을 뿐, 바퀴벌레와의 전쟁은 끝나지 않았다. 전세 일 년의 계약 기간을 겨우 채우고 강구에게 쫓기듯 그 집을 나왔다.

주인에게 괄시를 받거나 설움을 당하면 오기로 돈을 빨리 모아 집을 산다고들 했다. 그러나 강구 때문에 몸서리쳐져서 돈이 한참 모자라는데도 벌어서 갚을 셈 치고 내 집을 급히 마련했다. 주인도 좋고 가게도 가까워 남편이 제대할 때까지 살려고 했던 집을 강구에게 떠밀려 나온 격이다.

돈벌레 덕분인지 가게가 번성했다. 일 년 만에 평수는 작아도 아래층에 반듯한 미용실 가게 하나와 살림집이 딸린 길가 2층 상가주택을 샀다. 가게에서도 가까운 토성초등학교 옆으로 전세의 열 배나 되는 돈을 주고 산 우리의 첫 집이다. 이번에도 2년이나 더 넣어야 하는 곗돈을 미리 타긴 했다.

퇴근해 방문을 열어 보면 강구가 저들 집인 양 놀던 대청동 그 집, 우리는 그 집이 생각날 때마다 민아네 집 대신 '강구네 집'이라 명명했다. 강구와 동침도 숱하게 했다. 그 생명을 많이 죽이기도 했다. 우리가 살기 위해, 또 아기를 보호하기 위해.

돌이켜보면 미끼로 붙인 달콤한 음식 냄새가 이웃 강구들까지 불러 모은 게 아니었는가도 싶다. 곤충이나 벌레, 짐승들의 후각이 사람보다 수백 배 뛰어나다고 들은 것 같다. 그때는 그런 생각도 하지 못했다. 깨닫지 못한 게 아니라 아는 게 턱없이 부족했다. 오빠의 사업실패로 어머니가 쓰러졌다. 그러니 도로 시골로 어머니를 도우러 가는 길밖에 달리 도리가 없었다.

남편이 제대하면 내가 하고 싶은 공부를 다시 하겠다고 남편과 약속했다. 하지만 가게 일이 바빠 그것도 여의치 않았다. 미루기만 하다가 딸들이 서울로 다 대학을 가고 난 후에야 소원이던 공부를 다시 시작했다. 가게에 지장이 가지 않게 야간으로만, 남편도 함께였다.

현재 삼십 년이 다 된 우리 아파트에도 바퀴벌레가 한두 마리씩 보인다. 그래도 관리사무소에서 단체로 공짜로 쳐 주는 약도 치지 않는다. 옛날에 강구를 많이 잡았던 게 아직도 마음에 걸려서다. 그때 강구를 불러 모아 떼죽음을 시켰나 하는 죄책감이 아직도 마음 언저리에 남아있기 때문이다.

앞으로 살아갈 날이 줄어들어서인가. 이제는 바퀴벌레조차 함부로 죽일 수가 없다. 이 세상을 살아갈 권리가 어디 인간에게만 주어졌겠는가. 가끔 대청동 바퀴벌레 우글거리던 신혼집이 그립다.

딸도 키우기 나름

딸 둘을 제왕절개수술로 낳았다. 1970년 중반까지만 해도 제왕절개수술이 그리 흔한 수술은 아니었다. 두 번째 수술까지는 괜찮은데 세 번은 위험하다고 알려져 있었다. 산기가 있을 때 뱃속 아기가 심하게 움직이면 먼젓번 수술 자국이 팽창해져 터질 가능성이 있다는 것이다. 이것이 비행기가 날다가 떨어질 확률과 같다지만, 만에 하나라도 내가 아니라는 법은 없다.

몸무게가 46kg밖에 안 되는 내가 4.3kg 우량아를 낳은 데는 그만한 이유가 있다. 결혼 후 남편이 입대해야 해서 첫아기를 고민 끝에 낙태시켜야 했다. 두 번째 아기는 자연 유산이 되어버렸다. 그제야 아차 싶어 몸에 좋다는 보약을 먹었다. 그때는 남편이 선박회사에 다녔고 나 혼자 조그만 도매상을 운영했다. 활동량이 많았는데도 보약 기운으로 우량아가 탄생한 배경이다.

가게에서 멀지 않은 곳에 큰 종합병원이 있었다. 이곳은 오래 기다려야 하기에 가까운 개인병원에 다녔다. 하필 산기가 왔을 때는 휴일이었다. 그날따라 병원에 정전이 되어 태아 사진을 찍을 수가 없다고 했다. 진통이 계속되자 오래 끌면 아기에게 황달기가 와서 위험하다며 제왕절개를 권했다. 아기가 위험하다는데 망설일 부모가 어디 있겠는가.

남편이 제대 후 가진 작은딸도 우량아가 될까 염려됐다. 입덧도 안 하는데 부러 적게 먹으며 조심했다. 아기 체중이 적으면 자연분만도 할 수 있을 거라는 기대에서였다. 일이 아무리 바빠도 이번엔 큰 병원에 다녔다. 아기가 2.8kg의 적은 체중임에도 의사는 제왕절개를 적극적으로 권했다. 예의 그, 만에 하나 비행기가 날다가 떨어지면 어쩌나 하고 노골적으로 권했다. 이번에도 고집을 조금 피우다가 순순히 따랐다. 만약의 경우를 생각하니 시키는 대로 할 수밖에 없었다. 그즈음엔 제왕절개 분만을 권장하던 시기였다.

세월은 참 빨리도 지나갔다. 우량아로 태어난 큰딸은 벌써 사십 중반이 되었다. 내가 낳지 못한 알밤 같은 아들을 둘씩이나 낳아 내 소원도 풀어주었다. 명문대를 나오고도 바깥 활동 없이 자식 키우는 재미에만 푹 빠져있다. 다들 취직을 못 해 실업자가 수두룩한데 한 집에 한 사람만 잘 벌면 된다고, 자식 농사가 최고이니 자식부터 잘 키우라는 부모 뜻을 받아들여 자식 키우기에 전념하고 있다.

딸만 둘을 낳아 키우던 그 당시만 해도 아들 가진 이웃에 주눅이 들던 시대였다. 딸 셋을 내리 낳고도 배가 불룩해 노점 장사를 하던 거래처에 무던히 동정이 갔다. 나도 제왕절개만 안 했으면 내 친구처럼 아들을 낳을 때까지 넷이라도 낳아 볼 오기도 있었다.

이웃에 또래의 아들을 키우는 이가 있었다. '아들이 우리집 재산 1호'라고 말할 때마다 어쩐지 껄끄러웠다. 딸만 낳은 게 내 탓이 아닌데도 남편이 들을까 마음졸였다. 내게도 딸들이 재산 1호지만 당당히 내세우지 못했다. 그만큼 남아 선호 사상이 대세였다. 그런데 불과 50년도 채 안 돼 세상은 많은 것을 변화시켰다. 하루가 다르게 발전하고 변모하는 IT 업계 못지않게 남녀평등에서도 급격한 변화를 보이고 있다.

이젠 '집안에 암탉이 울어야 흥한다.'로 말이 바뀌었다. 시쳇말로 아들만 둘이면 목메달, 딸만 둘이면 은메달, 딸 둘에 아들 하나라야 금메달이란다. 그래도 유교 문화가 저변에 깔린 한 명절이나 결혼, 장례문화 같은 우리 전통의 문화가 손바닥 뒤집듯 확 바뀌지는 않을 거라 생각한다. 남녀가 평등하게 조화를 이루며 사는 세상을 바랄 뿐이다.

태풍 타파

온다던 17호 태풍 타파가 9월 22일 부산에 상륙했다. 아침에 눈을 뜨니 심상찮은 바람을 동반하고 많은 비가 내리고 있다. 우리 아파트는 뒤쪽 베란다가 바다와 인접했다. 창문을 단단하게 고정했는데도 낮부터는 심하게 덜컹거린다. 마침 일요일이라 출근하지 않아 다행이다.

남편은 이 태풍을 뚫고 늦은 오후에 있을 친척 결혼식에 참석하러 김해로 갔다. 저녁 무렵이 되니 태풍의 위력이 점점 거세어진다. 15층인 집 창문까지 흔들어댄다. 어두컴컴해지는 넓은 집 안에 혼자 있으려니 번개와 창문을 두드리는 바람 소리가 무섭다. 바람의 소리가 바람벽을 타올라 와 우우우 몰려다니며 귀신이 떼로 합창하는 울음 같다.

이런 날이면 바다가 코앞인 아버지의 고향이 생각난다. 산골에서 자란 어머니는 바닷가로 시집갔다. 거기서 처음 만난 태풍 얘기도 함께 떠오른다. 집채보다 큰 파도가 밀려들어 집에까지 들이닥칠 것 같아 넋이 반쯤 나갔다는 얘기도 하셨다. 그때는 예사로 들었다. 영도로 이사 온 지 십여 해 만에 만난 태풍 14호 매미(2003.9.12.)를 보고는 옛날 아버지 집 앞 바닷가의 거센 파도가 눈앞에서 연상되었다. 특히 경상도와 부산에 큰 피해를 준 태풍 매미는, 얼마나 강했으면 그 이름을 삭제해 다시는 못 쓰게 했을까. 그때 입은 인명 피해가 132명이라고 한다. 이번 타파 인명 피해 2명과는 비교가 안 된다. 아파트 앞 동 바람맞이 동에도 더러 유리창이 깨졌다. 하지만 바다가 더 가까운 옆동네 B 아파트는 유리창이 거의 박살났다고 한다. 그런데도 내 평생 지워지지 않을 큰 태풍은 따로 있다.

거물급 태풍 사라호(1959.9.17.)다. 그 태풍 역시 부산과 경남을 엄청나게 할퀴고 갔다. 피해도 컸다. 사망과 실종이 849명이고, 부상이 2,500명이 넘었다. 인명 피해만 봐도 얼마나 강한 태풍이었는지 짐작하고도 남는다. 60여 년 전의 그때는 태풍을 막을 대비책도 없었고 모든 시설이 허술했기에 피해가 더욱 컸는지도 모른다.

그야말로 초가삼간인 우리 집에 태풍 사라는 무서운 기세로 들이닥쳤다. 여덟 살인데 호적이 늦어져 학교에도 못 가고 어머니와 텃밭에서 고추와 들깻잎이나 따며 소일하던 시기였다. 마당 가장자리는 텃밭이었고 그 끝에 김씨 문중 재산인 작은 동산이 있었다. 동산 정상엔 큰 바윗돌이 두어 개 널려있었다. 여름밤이면 열댓 가구의 이웃들이 돌아가며 밤마실을 나오던 장소였다. 돈담이라고 부르던 그 둥그런 동산엔 제법 큰 소나무와 밤나무 대여섯 그루가 우리 집을 울처럼 둘러쳤다. 그 오래된 나무들도 태풍이 오자마자 초기에 항복하고 거의 뿌리째 뽑히거나 몸통 중간이 부러졌다. 그 나무들이 바람을 막아주었더라면 그나마 피해가 적었을지도 모른다.

우리 집은 방 두 개에 대청마루가 길게 깔려있었다. 비바람이 치면 마루 끝에 높이가 내 키쯤 되는 갈대로 엮은 긴 발을 쭉 세웠다. 단단히 고정해서 방에까지 비바람이 못 들어오게 막았다. 그러나 사라 태풍에는 간에 기별도 안 가는 장애물이었다. 댓바람에 갈대나무 발을 걷어차고 방안까지 비바람이 쳐들어왔다. 지붕까지 뚫고 비를 쏟아부었다. 집 안에 있는 빈 그릇은 모두 동원

되었다. 밤낮으로 식구들 수대로 두 방에서 물을 받아 마당으로 퍼내느라 난리였다. 가뭄 때 아랫논에서 천수답 윗논으로 물을 바가지로 퍼 올리기는 해봤지만, 방안의 물을 마당으로 퍼내는 일은 어른들도 생전 처음이라고 입을 모았다. 우리 집이 다른 집보다 높은 위치에 있어 집이 침수되지 않은 것만도 다행이었다.

날이 새고 바람이 잦아져 마당에 나가 보았다. 미꾸라지 몇 마리도 피난을 왔는지 마당에서 파닥거리고 있었다. 논이 집 앞 동산을 지나 100m쯤 떨어져 있는데 미꾸라지가 어떻게 이곳까지 왔을까. 굵은 빗줄기를 타고 승천하던 미꾸라지가 용은 못되고 중간에 우리 마당에 패대기쳐졌는지도 모를 일이다.

지금도 그 의문을 생각할 때마다 서정주의 〈해일〉이 연상된다. 어린 작가가 외할머니 집 마당에서 해일에 올라온 물고기를 신이 나서 키득거리며 잡았다는 얘기다. "해일이 일어나 바닷물이 넘쳐서 개울을 타고 올라와 삼대 울타리 틈으로 새어 옥수수밭 속을 지나서 올라오게 됐다."라고 작가가 서술하고 있다. 그 할머니는 마당까지 들어온 바닷물이 할아버지인 양 얼굴 붉히며 바라보고 섰을 때 철없던 어린 작가는 고기 잡는 재미에 키득거렸다고 그때를 회상한다. 사라 태풍 때 내 나이와 그때 작가의 나이가 비슷했나 싶다. 우리 집 앞뒤에는 논배미와 이어진 도랑도 없다.

동산 너머에는 물을 길어다 먹는, 논가에 있던 샘으로 가는 풀밭 길이 있었다. 딸기나무와 뽕나무로 된 생울타리와 큰 동네로 넘어가는 길 사이로 구정물을 부시는 조그만 고랑이 맹지인 풀밭으로 이어져 있기는 했다.

어른들은 태풍이 지나간 후 그 엄청난 피해에 어안이 벙벙해 있었다. 우리는 밤나무, 감나무가 없었기에 사방에 부러진 나뭇가지에 매달린 밤이나 감을 따고 줍느라 신이 났다. 사라 태풍이 헐뜯고 지나간 지 꼭 61년이 되었다. 그 태풍에 비하면 오늘 들이닥친 타파는 손자뻘쯤 되는 약한 바람이다. 한데도 비 피해 소식이 연일 들린다. 성난 바다를 바라보려고 창문을 열려고 해도 센바람의 위력에 내 힘으로는 어림없다. 대자연의 힘을 인간이 어떻게 맞서겠는가. 피해를 적게 남기고 잠잠히 지나가기를 빌 뿐이다.

하늘도 바다도 한 번씩 울화가 치미나 보다. 온갖 해로운 물질을 바다에 처넣어 그들이 잉태한 온갖 생명을 빼앗는 인간을 혼내고 싶기도 하겠다. 우리가 딛고 사는 땅도 스트레스로 계속 압박하면 지진을 유발한다는데, 자연을 마구 파헤치는 인간들이 고울리야. 가끔 인간 세상을 확 뒤집어 놓고 싶은 건 아닐까.

미꾸라지 방생

을숙도문학 동인들과 나들이를 나섰다. 목적지는 경북 청도 운문사 계곡이다. 시인 친구의 지인이 그 계곡 부근에 펜션을 운영하고 있단다. 초여름 휴일 하루를 힐링하기에는 딱 좋은 장소와 거리이다. 점심 식사를 준비해야 해서 여자 시인들만 탄 차를 언양 시장 입구에서 세웠다.

채소가게에 들어서자 먼저 눈에 들어온 것은 푸성귀가 아니라 시꺼먼 미꾸라지 떼다. 어디서 잡혀 왔는지 같은 운명으로 두 함지에 담긴 미꾸라지들이다. 미나리, 상추 사이로 오글거리며 나와 눈을 맞춘다. 그때 반짝 뇌리를 스치는 한 생각이 있다. 언젠가 기회가 되면 저들을 대거 방생해 주겠다고 했던 약속이다.

그때는 가게 일이 바쁜 초겨울이었고 퇴근길이었다. 보이는 사방이 바다뿐인 영도 섬이었다. 다음에 기회가 되면 너희들 자손이라도 방생해 주마고 다짐했었다. 그 약속을 오늘에야 지키게 돼 다행이다. '약속은 신뢰의 시금석'이라고 내 카톡 간판으로 올려두고 있는데 그 사실을 바빠서 잊고 살았다. 오늘이 그 약속을 지킬 딱 좋은 기회다. 내가 소녀 적에 몇 번 잡은 미꾸라지 양과, 철없던 젊은 시절에 추어탕을 끓였던 수량은 충분히 될 것 같다. 미꾸라지를 쓸데없이 많이 산다고 잔소리할 남편도 곁에 없다. 물을 찾아가는 길이니 방생할 곳도 쉬이 찾을 수 있을 것이다.

'너희들 어젯밤 좋은 꿈을 꾼 게 틀림없다. 모두 살려 줄 테니 조금만 기다리거라.'

가게 아줌마는 휴일 마수에 신이 났다. 전날 들여놓은 많은 미꾸라지를 떨이한다고 능숙한 솜씨로 두 함지의 물을 급히 뺀다. 큰 검정 봉지 네 개를 두 장씩 포개고 미꾸라지를 두 봉지에 나눠 붓는다. 그러고는 공기만 통하게 살짝 묶어서 건네준다. 미꾸라지는 물이 없어도 금방 죽지는 않는다. 물기가 조금이라도 있는 땅에서는 며칠도 견딘다.

시장 본 건 친구가 들고 나는 미꾸라지만 양손에 들었다. 신줏

단지 모시듯 하며 차에 올랐다. 언양읍을 벗어나 차는 달린다. 앞좌석의 재미있는 대화에도 끼어들지 못하고 차창 밖에만 시선을 둔다. 혹 논배미나 냇가, 개울물이 있을까 하고 온 신경이 차창 밖만 향했다. 날이 가물어서인가 좀체 물가가 보이지 않는다.

결국, 일이 터졌다. 양손으로 비닐 숨구멍 쪽을 치켜들고 밖에다 신경을 둔 사이 미꾸라지 몇 마리가 탈출했다. 꽤 비싸다는 지인의 외제차 뒷자리 바닥에 엎드려서 때아닌 미꾸라지를 잡느라 정신이 없다. 잡은 미꾸라지를 봉지에 넣으려고 봉지 입구를 좀 벌렸더니 잡아넣은 놈보다 도로 튀어나오는 놈이 더 많다. 아이고, 이를 어쩌나. 여남은 마리는 될 것 같다. 옛날 논배미나 농수로인 도랑에서 잡은 흙 묻은 누리끼리한 미꾸라지가 아니다. 맨살이 촉촉하고 미끌미끌한 시꺼먼 미꾸라지들이 살아보자고 이판사판 탈출이다. 어두운 비닐 속에서 죽음을 직감이라도 한 건가. 아이고 요놈들, 방생한다는 말을 못 알아들었나? 살려준다는데 그새를 못 참고, 쯧쯧 혀를 찼다.

차 주인은 길을 찾느라고 진땀 뺄 때, 나는 차 뒷좌석에서 엎드려 미꾸라지를 잡느라고 진땀을 흘렸다. 고급 차에 비린내가 날까 봐 걱정이다. 그러나 미꾸라지는 징그러워서 잡지는 못하고 겨우 잡았다 싶으면 매끄러워 손아귀에서 빠져나간다. 그래도 포기할 수는 없다. 뛰는 놈 위에 나는 놈 있는 법, 이래 봬도 내가 왕년에 송사리, 미꾸라지를 꽤 잡았던 손이란다. 그때는 먹고 살기 위해 너희 조상을 잡았지만, 지금은 내 손에 잡히는 게 너희가 살길이니라. 혼자서 귀신 씨나락 까먹는 소리를 냈다.

앞자리에선 이런 나를 두고 웃는 건지 다른 일로 그러는지 웃음소리로 시끌하다. 혹시 앞 좌석 밑에까지 달아난 놈이라도 있으면 큰일이다. 내일 차주인 그 남편이 발등에 뛰어든 미꾸라지 때문에 운행 중에 혼비백산하는 일은 없어야 할 텐데. 이놈들 숨으면 안 된다니까. 잡히는 게 사는 길이래도. 누가 듣든 말든 구시렁거렸다. 저들의 조상을 잡은 죄, 한 끼 식욕을 채우기 위해 그들의 맨몸에 소금을 무지막지하게 뿌렸던 지난날의 죄, 그 죄를 조금이라도 감해보려는 내 마음을 그들이 어떻게 알랴마는….

목적지에 다다를 때까지도 미꾸라지를 풀어 놓을 적당한 장소를 못 찾았다. 겨우 찾은 곳이 물살이 센 좁은 농수로다. 수명이 질긴 미꾸라지가 흐르는 물길을 따라가다 보면 정착할 곳이 있겠지. 농수로에다 검은 두 봉지를 거꾸로 들이부었다. 부디 다시는 잡히지 말라고 염원했다. 어쩌면 먼 중국에서 잡혀 왔을지도 모르는, 멀어져 가는 미꾸라지 떼를 보며 안쓰러운 마음으로 몇 번이고 중얼거렸다. 부디 다음 생에는 좋은 몸으로 태어나거라.

봄날 소동

신문에 부산대양산캠퍼스 부근 야생화 사진이 실렸다. 실컷 보고 오리라고 맘먹었다. 이삼일 지나자 이번엔 북구 화명동 장미공원에 장미축제가 절정이라는 보도가 맘을 들썩이게 한다. 멈칫거리다가는 막바지 가는 봄과 함께 후다닥 우리 곁을 떠나버릴 꽃이다.

일요일에 꽃구경을 나섰다. 코로나 19로 집에만 갇혀있을 고향 친구 부부 두 쌍을 우리 차에 태우고 물금 신도시로 갔다. 코로나 기세가 한풀 꺾여 생활 방역으로 어느 정도 완화된 덕분이다.

부산대양산캠퍼스 옆 CGV 영화관 주변에서 꽃길은 시작된다. 야생화 단지는 아직 알려지지 않아 길을 물어도 시민들은 그런 꽃길이 있는지조차 모른다. 부산대양산캠퍼스역 쪽으로 가면 300대를 주차할 규모의 임시 주차장이 보인다. 그 주위 유휴부지를 양산시와 합작해 첨단 산학단지로 경사면을 따라 둥글게 만들어 놓았다. 시민의 휴식처와 산책로를 쾌적하고 볼만하게 가꿔 놓았다.

산책로 위아래 둑을 구분 지어 샤스타데이지와 금계국이 장관이다. 산책로에는 메타세쿼이아와 이팝나무도 쭉 심어놨다. 어마한 규모의 야생화가 군락을 이뤘다. 조성한 지 일 년밖에 안 되어 나무가 어리다. 아직 잎이 무성하지 않아 그늘이 없다는 게 아쉽다. 산책로에 심은 나무가 쑥쑥 자라면 그늘 밑으로 벤치도 배치할 계획이라니, 대충 그림이 그려진다. 장차 양산 시민의 건강 힐링 숲으로뿐 아니라 전국에서 관광객이 모여들 것 같다.

한낮이라 그런지 사람도 별로 없다. 우리 일행이 꽃길을 전세 낸 듯 꽃향기에 취해 한 바퀴를 돌았다. 내일은 비가 올 거라더니 햇볕도 없고 꽃구경하기에는 딱 좋은 날씨다. 이미 꽃씨가 여문 꽃도 있다. 가져간 메모지를 접어 지천인 꽃씨를 좀 받았다. 친구 아내들도 연신 꽃향기를 맡으며 꽃씨를 받아준다.

좀 처져 뒤따라오던 남편은 꽃구경 도중에 두세 번 우리를 스쳐 지나갔다. 그런데 꽃구경을 마치고 돌아오며 정유소를 찾던 그가 갑자기 차를 왔던 길로 급히 돌린다. 지갑이 없단다. 꽃 둑 위 밭 가에 있는 어느 나무 아래에서 큰일을 보고 왔단다. 오늘 꽃구경 값은 거름으로 대신했다고 자랑도 했다. 뒷주머니에 꽂은 장지갑을 그때 흘린 게 틀림없단다.

다급해진 남편이 서두르는 게 보인다. 사람이 많이 다니는 도로가 아니니 내 것이 되려면 내일이라도 그대로 있을 것이고, 설령 잃어도 할 수 없으니 급하게 서둘지 말라고 다독였다. 남편은 주차장까지 갈 마음의 여유도 없는지 꽃길 입구 길거리에 차를 댄다. 마침 오가는 차가 없자 넓은 차도를 가로질러 둑 위로 급히 뛰어간다. 그 뒤를 고향 동창 남자 둘이 뒤따른다. 코미디가 따로 없다. 시골 학교 운동회 때 바통 들고 저렇게들 잘 달렸으면 일등은 떼어 놓은 당상이었지 싶다.

남자들은 잠시 후 갈 때와는 달리 맥 빠진 모습으로 돌아온다. 여자들 보라는 듯 셋이서 동시에 손을 저었다. 못 찾았으면 한참 걸릴 일이다. 지금 남자들은 분명 못 찾은 척 연기를 하는 거다. 내 눈치가 9단이라며 지갑을 달라고 했더니 할 수 없이 내민다. 이런 어수선한 상황에 남자 한 명이 타기도 전에 남편이 차를 출발해 버렸다. 지갑을 흘려 당황한 남편은 안 하던 실수까지 연발한다. 놀란 마음이 제자리를 찾지 못한 모양이다. 이번엔 차에 못 탄 친구가 선글라스를 잃어버렸다며 밖에서 서성거리고 있다.

급히 둑을 내려오다가 미끄러워 썰매를 탔는데 그곳에서 흘린 것 같단다.

이번에도 세 남자는 순서만 바뀐 채 찻길을 질러 달려갔다. 역시 잃어버린 사람이 앞서서 뛰었다. 지갑을 찾으러 갈 때는 큰 사람 순서대로, 선글라스를 찾으러 갈 때는 작은 사람 순서대로 달리는 게 참 볼만했다. 오늘은 남자들 소동이 꽃구경보다 더 재미있다. 차에서 지켜보는 여자들 웃음보가 터졌다. 어딜 가나 칠칠찮은 남자들이 말썽이다.

남자들이 올 동안 지갑의 돈을 세어 봤다. 백이십팔만 오천 원이다. 이십 년 전에도 고향 동네 출신 부부들과 지방으로 놀러 갔다가 오늘만큼 두둑한 장지갑을 잃었다. 역시 야외에서 그가 큰일을 본 곳에서였다. 신경성 장염인가 해서 더러 그런 경험이 있기에 그때는 내가 얼른 뛰어가서 지갑을 찾아왔다. 영영 남의 것이 된 지갑도 있다.

우리 집 돈 관리는 그가 다 하고 있다. 해서 그가 지갑에 얼마를 넣고 다니는지 나는 모른다. 오늘도 지갑을 못 찾았으면 절반으로 뚝 잘라 말했을 게 뻔하다. 퇴직해 쉬고 있는 친구들에게 맛있는 것을 사 주려고 해도 큰돈이 필요하지는 않다. 카드를 싫어하는 그가 현금을 두둑하게 넣고 있어야 든든하다는 게 핑계다. 큰 모임에 회장이나 총무를 맡고 있을 때는 할 수 없어 봐주었다.

이제는 제발 이삼십 만 원만 넣고 다니라고 노래를 불러도 그때뿐이다. 이번 일을 계기로 앞으로는 나들이 갈 때마다 남편 지갑을 단속할 생각이다.

지갑도 찾았겠다 공돈이 생겼으니 점심을 사기로 했다. 압수한 지갑을 흔드니 모두 소리 내어 웃는다. 점심 후에 오늘은 실물수가 든 것 같으니 집으로 바로 가자고 했다. 이런 내 말에도 남편은 기어이 예정한 화명동 장미공원으로 차를 몬다. 장미 축제장에 들어서니 여러 나라 장미가 각자 자기 국적과 자신의 이름표를 달고 한껏 싱그러운 맵시를 뽐내고 있다. 빨강·노랑·파랑·흰색 분홍에 색이 혼합된 멀티까지.

자태를 한껏 뽐내는 장미꽃을 보니 내 시절도 저렇게 고울 때가 있었던가 싶다. 찍어놓은 사진을 볼 때마다 깜짝깜짝 놀랄 정도로 나도 시든 꽃이 되었다. 사진을 찍어봤자 싱싱한 꽃과는 어울릴 것 같지도 않다. 이제부터는 사진은 사양한다고 해왔다. 그러고도 예쁜 꽃을 보면 기념이라며 친구들과 또 찍어댄다. 아무리 늙었어도 생전에 가장 젊은 날은 오늘이라는 말을 핑계 삼는다.

꽃에 탄복한 하루, 밤늦도록 컴퓨터에 앉아 되새김질하고 있다. 봄꽃 구경 갔다가 남자들이 벌인 소동이 먼 추억처럼 들꽃 속에 아롱거린다.

어쩌다 삼사순례

오월 마지막 휴일이다. 이삼일 전 국제신문에 '지방도 1022번 길'이란 제목으로 국문과 선배가 쓴 글이 게재됐다. 부산과 인접한 양산 낙동강변의 멋진 경관을 소개한 글이다. 수필가이자 여행작가인 그는 글솜씨가 뛰어나 재학 중에도 학교 편집장을 도맡아 했다. 지금은 국제신문 필진으로, 수려한 풍광을 독자가 가지 않고는 못 배길 만큼 잘 묘사해 놓았다.

가까이 사는 고향 동창 부부를 태우고 양산 물금읍으로 갔다. 선배가 설명한 대로 '낙동강과 나란히 달리는 경부선 철길이 언뜻언뜻 보이는 곳'으로 갔다. 나무계단을 따라 내려가니 내비게

이션에 찍은 용화사가 강을 바로 눈앞에 두고 있다. 〈모래톱 이야기〉, 〈사하촌〉의 작가이자 동래 출신인 요산 김정한의 또 다른 단편 〈수라도〉 안내판도 반갑다. 법당에 들어가서 예를 올렸다. 용화사 석조여래좌상은 〈수라도〉의 모티브가 됐다는 해설이 있다. 소설 속 절 이름은 용화사가 아니라 미륵당이다.

조용한 작은 절집을 나와 연등이 줄줄이 달린 지하 통로를 지난다. 딴세상처럼 시원한 강이 코앞에 펼쳐진다. 강을 따라 나무로 된 자전거 길이 잘 정비돼 있다. 강을 보며 계속 따라 걷고 싶었다. 그러나 자전거가 가족 단위로, 또는 단체인 듯 행렬이 이어져서 진로에 방해가 될까 봐 조금 걷다가 되돌아왔다. 휴일이 아닌 평일에 느긋하게 와서 이 길을 끝까지 걸어 보고 싶다. 대한민국 지도를 닮은 낙동강을 눈앞에 두고 원 없이 바라보았다. 부산에서 가까운 곳에 이런 비경이 있는데 왜 몰랐을까? 외국 여행보다 국내의 숨겨진 아름다운 곳을 찾아다니자고 남편과 새삼 입을 모았다.

평소처럼 이른 아침에 일어나 김밥을 쌌더랬다. 경치 좋은 곳에서 맛있게 먹을 친구를 생각하며 많은 양을 힘들지 않게 쌌다. 산수 좋은 곳에서 김밥을 먹으니 역시나 꿀맛이다. 조금만 부지런 떨면 여럿이 잘 먹을 수 있으니 기꺼이 정성을 들인다.

점심 후엔 밀양 표충사로 차 머리를 돌렸다. 남편은 좋은 자동

차를 사주면 가자는 데는 다 데려다주마고 약속했다. 그걸 염두에 둔 건 지, 예정에 없던 오래전에 가 본 이름난 큰 절에 데려간다. 어쩐지 용화사로 내려가는 길에 보인 작은 절집을 그냥 지나치기가 조금 서운하더라니. 오늘 예정에도 없던 삼사 순례를 하려고 그 절을 지나쳐 왔나 보다.

불교도들은 4년마다 돌아오는 윤달이 되면 삼사 순례를 연례 행사처럼 다닌다. 개인으로 또는 절에서 단체로들 간다. 삼사 순례는 지역이 다른 세 사찰을 예배하고 돌아오는 행사다. 나이 많은 분들이 가끔 "세 절 밟으러 간다."라고 하는데 밟으러 간다는 말이 잘못된 말이라고 스님께 들은 것 같다. 삼사 순례는 말 그대로 부처님이 계신 성스러운 성지 세 곳을 찾아 기도하고 돌아오는 행사다. 이번 윤달은 코로나로 인해 내가 다니는 절에서도 그 행사가 쉽지 않을 것 같았는데 마침 잘 됐다. 4월 초파일도 한 달 미뤄 윤사월 8일에 전국 행사를 했다. 주춤하던 코로나가 서울발 클럽으로부터 되살아나 행사도 간소하게 치렀다. 우리 절에서도 처음으로 점심 공양도 떡과 물로 때웠다.

부처님의 자비든 예수님의 사랑이든 그 궁극은 다르지 않을 터다. 우리 가족뿐만 아니라 온 나라, 전 세계 사람들이 바이러스로 난리다. 수많은 사람이 바이러스로 고통받고 죽어가고 있다. 경제도 엉망이다. 이런 시기에 교회들은 왜 그렇게 협조를 안 하는지도무지 납득할 수가 없다. 터졌다 하면 교회 발이니 말이다.

휴일이라 그런가. 표충사엔 관람객이 많다. 갈 곳이 마땅찮은 이들이 산사에 와서 시원한 바람 실컷 마시고 그동안 답답했을 마음을 털고 갔으면 좋겠다. 법당에 들어가 예배를 드렸다.

넓은 사찰의 마당 가엔 밀양지역의 사진작가들이 전시한 사진 작품이 눈길을 끈다. 소도시 밀양에 수준 높은 작가들이 많은가 보다. 누구나 좋아하는 자연을 그대로 옮겨놓은 산수화가 많다. 예전 같으면 맘에 드는 작품을 가지고 싶어 마음이 달싹달싹했을 터다. 집안에 필수품이 아니면 들여놓지 않겠다는 다짐 때문에 눈요기만 잘했다. 오래전 읽었던 법정 스님의 글을 요즘 다시 보는 중이다. 마음을 비워라, 많이 가지지 말라고 글마다 이르신다. 그 말씀이 일흔 줄에 들어선 요즘에 마음에 깊이 와닿기 때문이다. 대신 절 마당 한쪽에서 신도들이 밀양 대표 특산품인 대추를 팔기에 기념으로 사 들고 나왔다.

마지막 코스는 울산 언양의 석남사다. 일주문에서부터 대웅전까지의 길은 입구부터 원시림의 숲 터널이다. 극락의 문이 있다면 아마 이 길처럼 생기지 않았을까. 심신이 함께 힐링 되는 천상의 길이다. 소나무, 서어나무, 굴참나무가 가슴팍에 이름표를 붙이고 입구서부터 반긴다. 올해는 아직 비가 많이 오지 않아 계곡물 소리가 크게 들리지 않는다. 어느 해인가 한여름에 왔을 때는 맑은 계곡물 소리가 숲과 어울려 정말 장관이었다.

대웅전에 들어가 예배를 드리고 나왔다. 절 마당 삼층 대 석탑의 위세가 당당하다. 비구니 스님들만 계시는 이 절의 대표 상징물이다. 다른 신도들처럼 탑돌이를 하고 싶었지만, 주차장에서 기다릴 남자들 생각에 묵념만 하고 나왔다. 이 좋은 숲속 길! 먼 곳까지 와서 차 속에 들앉은 남자들이 한심해 보인다. 그래도 잔소리는 금물이다. 하자는 대로 따라야 여행길이 편하기에.

집에서 나올 때 삼사 순례를 염두에 두고 나오지는 않았다. 두 절을 가다 보니 윤달도 이미 삼 분의 일이 지나 삼사 순례의 적기다 싶었다. 오늘 삼사순례는 큰 절집을 두 곳이나 들르면서도 마당에도 들어가지 않은 남편 덕이다. 절 세 곳의 법당에서 번개 기도에 절만 하고 나온 나보다 남편 공이 크다. 처음 들어간 작은 절 용화사에서 석조여래좌상 부처님만 친견하고 나온 남편이 복은 더 받을 것 같다. 흔히 보기 힘든 불상이라며 등 떠밀려 법당에 들어간 그이가 없었다면 아마 삼사순례도 못 갔을 테니까.

유쾌한 결혼식

막내 시동생의 딸이 서울에서 결혼식을 치렀다. 이 시동생은 남편 아홉 형제 중 아들로서는 막내다. 나는 가게 일로 가지 못하고 남편만 다녀와 미안하고 섭섭한 마음이 컸다. 부부가 함께 도 · 소매업을 하다 보니 한 사람은 가게를 지켜야 한다. 해서 친정이고 시집이고 일요일이 아니면 대부분의 길흉사에 남편만 참석한다.

식장이 서울이라 버스 세 대를 전세 냈더라고 했다. 참석하는 손님들을 싣고 종일 오가며 손님 챙기느라 고생이 많았겠다. 서울에서 큰딸 결혼식을 치른 나도 버스 세 대를 전세 내어 오갔기에 그 사정을 누구보다 잘 헤아린다.

15년 전 우리 큰딸 결혼식 때도 힘들었다. 고향인 경남 고성에서 양쪽 친지와 동네 친구들을 태우고 버스 한 대가 출발했다. 부산에서는 남편 동창들과 가족, 내 동창들과 가게 이웃들을 태우고 이슬비가 내리는 새벽에 버스 두 대가 출발했다.

그때 예상치도 못한 하객들이 부산역 전세차로 나타나 당황했다. 지인들이 자기 친구들도 데리고 온 것이다. 결국, 늦게 온 대여섯 명 하객이 도로 돌아가는 이변이 벌어졌다. 청첩장을 남발하면 다 빚이라고 남편이 추리고 또 추린 결과였다. 아니 순전히 남편 고집이 부른 실수였다. 친척은 한 집에서 두세 사람이 참석할 수도 있다. 좌석 여유가 열 개는 있어야 하는데 어중간해서 대형 버스 한 대를 더 추가할 수도 없었다고 남편이 변명한다.

요즘은 맞춤 도시락도 잘 나온다. 당시 장거리 차엔 대부분 아침 식사로 집에서 담은 김치와 밑반찬, 시래깃국을 준비했다. 점심은 식장에서 해결하고, 저녁은 내려오다 지방의 맛집 같은 데를 찾아갔다. 우리도 그대로 따랐다. 장시간 차를 타야 하는 하객들 입을 즐겁게 해 줄 의무감도 있었다. 간식으로 떡·음료수·과자·과일을, 술안주로는 삶은 돼지고기와 건어물을 넉넉하게 실었다. 서울대학교 안의 뷔페에서도 이변이 있었다. 예상한 손님 외 식욕이 왕성한 서울대 신랑 신부의 선후배들까지 덤으로 들어와 음식이 동이 났다. 음식을 넉넉히 준비했는데도 그런 사달이 났다. 한 치 앞도 보지 못하는 인생사라고 하지만, 혼사 때 겪는 이런 일은 정말 당황스러웠다. 폐백 치르고 사진을 찍느라 늦어진 가족들의 점심이 부족한 건 그래도 다행이었다.

딸 결혼식 날에 비가 올 거라는 예보가 있었다. 거래하는 공장의 브랜드 우산까지 준비해 양가 하객에게 선물했다. 비가 많이 온 날 결혼한 그 딸은 알밤 같은 아들 둘을 낳고 잘살고 있다.

요즘은 결혼식도 재밌게 하는 시대다. 조카의 결혼식장엔 신랑도 춤을 추며 나오고 신부도 신부 아버지와 손을 잡고 나오면서 덩실덩실 춤을 추며 나왔단다. 모든 행사를 재미있는 이벤트로 꾸며 하객도 즐거워했다고 한다. 결혼식 문화도 빠르게 변해간다. 옛날의 엄숙한 분위기보다 재밌고 즐거우면 다들 좋아한다. 결혼식장에서 사돈끼리 막춤을 심하게 추다가 넘어지는 동영상을 보았다. 우습기에 앞서 보는 사람이 다 민망했다. 그 영상을 재미있다고 찍었는지 모르지만, 세상이 많이도 변했구나 싶다. 변해가는 것은 나날이 주름이 늘어가는 우리뿐 아니다. 혼사나 장례문화도 유행만 따르는 게 아니라 개성을 앞세우고 변화해 간다.

조카가 외국으로 갔던 신혼여행에서 다녀오는 날 밤이다. 부산에서 시형제 가족 피로연이 있었다. 예약 장소에 닿아서야 신혼부부가 탄 비행기에 작은 사고가 있었다는 걸 알았다. 돌아오는 날, 바람이 많이 불고 기체에 벼락까지 맞았다니 얼마나 놀랐을까!

퇴근을 서둘렀다. 신랑 신부에게 줄 머플러와 스카프, 손수건을 고급으로 넉넉히 포장했다. 많이 준다고 곁에서 구시렁대던 남편도 무슨 계산인지 선물을 자기가 주겠다며 들고 갔다. 그날 잔치 뒤풀이도 큰아버지인 자기가 책임진다며 가족들을 널찍한 노래방으로 인솔해 갔다.

"신랑 신부가 비행기에서부터 혼나고 왔으니 처가에서 행하는, 신랑 발목을 묶고 때려 군기를 잡는 절차는 생략한다. 대신 큰아버지가 지정하는 곡을 둘이 같이 부르고 노래 가사에 나오는 '인연' 대신 거기에 꼭 맞는 단어로 답을 맞혀야 들고 있는 이 선물을 주겠다."라고 하자, '필연'이란 답을 조카가 바로 맞춰버렸다. 남편은 좋은 선물을 바로 빼앗겨서 아쉽다는 표정을 지어 웃음을 자아냈다. 유쾌한 결혼식에 이은 유쾌한 피로연이었다.

제 엄마를 닮아 예쁜 조카는 자신이 근무하는 서울의 한 은행 강당에서 결혼식을 올렸다. 같은 금융계에 근무한다는 신랑도 훤칠한 키에 남매라 할 만큼 신부와 빼닮았다. 닮으면 잘 산다던데, 예쁜 모습만큼 행복한 결혼생활을 하리라 믿는다.

입추 더위

가을의 문턱, 입추다. 양력으로 8월 7일, 음력으로는 6월 26일이다. 입추라고 하지만 아직은 여름에 속해 있다. 온 나라가 찜통더위에 보름쯤 앓았다. 유례없는 더위다. 8월 초엔 강원도 홍천이 41도를 기록했고 내륙지방은 38~39도를 오르내렸다. 바다를 낀 부산도 며칠째 35도를 기록했다. 문제는 이 살인 더위가 앞으로도 보름은 더 이어질 거라는 달갑잖은 기상청의 예보다.

폭염의 원인은 누구나 알다시피 지구온난화다. 열돔 현상으로 고기압이 지구 북반구를 감싸고 있으면서 열이 빠져나가지 못해 일어나는 현상이란다. 가속화하는 온난화로 갈수록 이런 현상이 늘어 봄가을은 단축되고 여름은 길어질 것이라고 한다. 끔찍한 무더위가 앞으로는 일상이 될 가능성이 농후하다니 이를 어쩔 것인가. 몇십 년 후에는 우리나라도 아열대기후가 될 거라고 예측하는 학자도 있다.

우리나라뿐 아니라 전 세계가 펄펄 끓고 있다. 지구촌이 용광로 속이다. 세계에서 일인 당 플라스틱 사용량이 가장 많은 나라가 우리나라라니 부끄럽고 책임감을 돌아보게 한다. 설마 했더니 아파트에 재활용 쓰레기가 쌓이는 걸 보면 그 말이 틀리지 않겠다 싶다. 내가 무심코 버린 쓰레기도 이 더위에 한몫했겠다.

이런 더위에 하필 가게의 에어컨이 고장이 나 버렸다. 우리 가게가 있는 국제시장 3공구 B동 2층 전체가 쓰는 에어컨이다. 요즘 들어 비실비실하더니 삼복더위에 기어이 꺼져버렸다. 실로 난감한 상황이다. 설치한 지 20여 년이 다 되어 가는데 전례 없는 더위로 연일 풀가동하니 못 버틸 법도 하다. 켜 놔도 영 시원찮았다. 겨우 돌아가는가 싶더니 아침엔 틀자마자 노인 목에 가래 끓는 소리만 몇 번 내다가 아예 시동을 멈춰버렸다. 에어컨 기사는 메뚜기도 한철이라 내일에야 방문할 수 있단다. 땀을 뻘뻘 흘리며 기사가 빨리 와 주기만을 기다리는 수밖에 도리가 없다.

그래도 우리는 워낙 추위와 더위에 단련된 몸이다. 한 이틀 냉방이 없다고 유난 떨 것도 없다. 찾아오는 손님들이 덥다고 짜증을 낼까 그게 신경이 쓰인다. 비상용 선풍기로 대처해 보지만 에어컨에 익숙해져 있는 요즘 사람들에겐 간에 기별도 안 가는 눈치다. 선풍기는 고정된 장소에 있어 진열된 물건을 고르자면 바람이 닿지 않는 곳도 있으니까.

너무 더워서일까. 노인들이 도시락을 싸 들고 시원한 전철을 타고 공항으로 가서 진종일 피서를 하고 돌아온다는 보도가 들려온다. 전철도 공짜고 마음 맞는 친구만 있다면 그것도 괜찮겠다 싶다. 세계 각국 사람도 구경할 겸. 하지만 그것도 하루 이틀이지 공짜 피서란 게 들통 나면 어찌 얼굴을 들고 자주 가겠는지.

벼농사에 볕은 필수다. 요즘은 볕이 지나친데 비는 구경할 수 없으니 농작물인들 버텨낼 재간이 있겠는가. 입추가 몰고 온 이 바람을 마중물 삼아 더위가 한풀 꺾였으면 좋겠다. 그동안 기상청의 오보처럼 이번에도 차라리 오보기를 바란다. 94년도 더위 이후 최고로 더워 열사병으로 세계 곳곳에서 사람들이 많이 죽었다. 111년 만의 역대급 폭염이란다.

창문을 열고 시원한 바다를 내려다본다. 저 아래로 바람도 잘 통하지 않을 것처럼 다닥다닥 붙은 단층 슬레이트집들이 보인다. 고층인 우리 아파트가 바람을 막아 더 더울 것 같다. 볼 때마다 마음이 편치 않다. 밀집한 저곳 사람들도 군말 없이 살고 있는데 고층 아파트에 살면서 불평하는 건 배부른 소리일 것이다.

더운 날씨에도 스카프는 잘 팔린다. 면 손수건이야 땀을 닦으니 여름철에 잘 나간다. 여기에 나일론 스카프까지 잘 나가니 신기하다. 이상기온만큼이나 이상한 해다. 젊은이들은 직장에서 멋내기용으로 쓰기도 하지만, 냉방이 잘 되다 보니 목감기 예방 차원으로 쓰기도 한다. 볕도 가리고 목의 주름도 가린다며 스카프가 이 여름에 때아닌 유행을 타고 있다.

나는 찬 음식을 싫어한다. 여름에도 냉커피를 안 마신다. 그런데 오늘은 점심에 냉콩국수를 먹고 냉커피도 마셨다. 속도 펄펄 끓었다. 그래서인가, 평소처럼 자정에 잠자리에 들었으나 잠이 오지 않아 누웠다 앉았다 하고 있다. 안방 에어컨은 손주들이나 오면 켜는 장식품 정도다. 바닷바람이 워낙 시원한 데다 에어컨을 켜고 한가하게 있을 시간도 별로 없다. 그런데 올해는 더워도 너무 덥다. 에어컨 바람을 쐬러 안방으로 들어가 몸을 식혀 나오기도 한다. 유난히 더운 입추로 기억될 날이다.

찻잔과 맞바꾼 모과 향기

가덕도 혜덕사를 한 달 만에 다시 찾아갔다. 일 년에 한 번 정도 찾는 절이다. 그날 생각지도 못한 청정 섬의 모과를 한 바구니나 횡재했다. 지독한 무더위가 마지막 기세를 떨치던 지난여름 휴가 때다.

우리가 갔을 땐 주지 스님은 안 계셨다. 항상 웃는 얼굴에 유머가 풍부한 상좌스님이 텃밭에서 일하다가 반갑게 맞아주셨다. 덕분에 차도 한잔하고 같이 좀 쉬자며 우엉차를 끓여주셨다. 혹시 스님 법명 '여하'의 '하'자가 '웃을 하'가 맞냐고, 언제나 즐겁고 쾌활하셔서 우리까지 전염되는 것 같다고 했더니, 스님은 그렇다고 맞장구치시며 또 웃으신다.

같이 간 친구들과 스님 앞에 앉았다. 소주잔만 한 찻잔에 차를 대여섯 잔 넘게 홀짝홀짝 받아 마셨다. 큰 잔으로 한 번에 주실 것이지 스님은 차 끓이느라 바쁘고 성질 급한 나는 차 기다리느라 감질난다고, 농담 어린 어조로 친구들을 대신해서 불평했다. 그러자 스님은 원래 이 차는 작은 잔으로 담소를 나누며 천천히 계속 마시는 거라고 일러주셨다. 이어 작은 찻잔을 가리키며 어느 신도가 선물한 중국산 찻잔인데 받침대가 없어 손님 앞에 내놓기가 좀 그렇다 하셨다. 우리 앞에 찻잔만 달랑 내놓은 게 민망하셨던가 보다. 그 말에 내일 당장 적당한 받침대를 구해서 택배로 보내겠다고 약속했다.

삼십 년 전쯤인가. 혜덕사라는 절을 지어 낙성식을 할 때다. 원래 다니던 구포 절에서 신도들이 그 기념으로 여럿이 갔다. 그게 인연이 되어 매년 한 번씩 배를 타고 다녔던 절이다. 그때는 스님 두 분이 너무 젊어서 안쓰러운 마음도 없지 않았다. 주지 스님은 수덕사 경선암에서 공부하고 상좌스님과 함께 바로 오셨다고 들었다. 그때 두 스님 모두 서른도 채 안 돼 보였다. 두 젊은 비구니 스님의 파르라니 깎인 몽구리 머리를 뒤에서 바라보며 왠지 짠하고 애틋했던 기억이 새롭다.

지금은 거가대교와 더불어 육지로 다리가 연결되었다. 차로 다니기도 아주 편리하다. 작은 절집이지만 아늑한 산자락에 바다와 숲을 내려다보는 전망이 좋은 절이다. 절집 중 큰집으로 생각하며 다닌 영도의 영화사에도 비구니 스님만 댓 분이 계신다. 바다를 시원스레 관망할 수 있는 것도 공통점이다. 특별한 일이 없는 한 음력 초하루마다 들러 간단 예배만 드리고 출근한다. 반면 혜덕사는 멀어서 자주 들르지 못한다.

십오 년 전쯤인가. 가덕도 연대산에 불이 나 절집을 태웠을 때다. 그때 말수가 적고 무뚝뚝한 주지 스님보다 몇 살 아래로 보이는 화술이 뛰어난 상좌스님이 절 재건 기부금 문제로 우리 가게를 방문한 적이 있다. 해서 우리와는 농담 정도는 주고받는다. 능숙한 말솜씨에 까칠한 남편도 웃으며 꽤 거금을 장부에 올렸으니까.

바쁜 중에도 그릇 집을 몇 곳이나 들렀다. 찻잔에 잘 맞을 앙증맞고 예쁜 받침대를 찾았다. 신문지로 싸고 또 싸고도 혹여 흠집이라도 낼까 봐 머플러를 아래위로 덮어 택배로 보냈다. 차 받침대를 받은 주지 스님은 너무 예쁘고 고급스럽다며 찻잔까지 세트면 얼마나 예쁠까 아쉬워하는 눈치시다. 그 얘기를 듣고 그냥 지나칠 내가 아니다. 남편은 처음부터 세트로 사는 게 좋겠다고 했다. 어느 신도가 선물로 주었다는 찻잔을 버릴 수도 없을 터다. 받침대만 있으면 좋겠다고 해서 비슷한 색상의 받침대만 골랐다. 내 생각이 한참 짧았던 것 같다. 앙증맞은 국산 차 받침대와 소주 잔처럼 길게 생긴 중국 찻잔이 조화롭지 않았을 것이다.

회색 바탕인 작고 동그란, 국산 찻잔 열 개를 도기 상회에 부탁했다. 찻잔에 흠집 낼까 봐 이번엔 우리가 직접 들고 한 달 만에 혜덕사를 찾아갔다. 기별도 없이 갔는데 마침 모과를 따는 날이다. 신도들 대여섯 분이 와 계셨다. 절 왼쪽 산비탈에 모과나무가 백 그루가량 있다. 사월 초파일이나 여름휴가 때만 와봤기에 잎만 푸르른 모과나무를 멀리서 알아보지 못했다. 가을이라 노란 열매가 주렁주렁 달려 온 절집에 모과 향기가 감돈다. 새큼한 향기가 때맞춰 우리 부부를 부른 모양이다.

주지 스님으로부터 사 간 찻잔에 보이차를 몇 잔씩이나 받아 마셨다. 다들 찻잔이 예쁘다고 한마디씩 거든다. 우리도 윗옷을 벗어놓고 모과 따기에 합류했다. 모과 네 개가 형제처럼 사이좋게 달린 멋진 가지 하나를 꺾어 상좌스님께 보여드렸다. "너무 멋져서 거실에 걸어 두고 향기를 오래도록 맡으려고 얻어갈까 합니다." 하니, 상좌스님은 "예 그러세요." 하시더니 조금 뜸을 들인 후에 다음엔 가지째 꺾지는 말라고, 주지 스님께서 가지째 꺾는 걸 많이 싫어한다고 하신다. 아! 이런, 이번에도 내 생각이 짧았다. 우리 농장 매실은 매년 가지치기를 많이 할수록 매실이 많이 열린다는 남편 말에 별생각 없이 꺾었다. 모과 향에 잠깐 정신이 나간 게 틀림없다.

찻잔 세트와 머플러를 선물했으니 지천으로 널린 모과 가지 하나쯤은 괜찮겠지 했다. 어리석은 마음도 한몫했으니 참으로 민망했다. 망설이고 있으니 주지 스님 몰래 차에 실으라 하신다. 꽃 한 송이인들 절 살림인데 함부로 꺾다니, 들고 있는 손이 부끄러웠다. 상좌스님에게 허락은 받았지만 주지 스님께 말도 없이 차에 실으려니 자꾸 머뭇거려졌다. 돌아오려고 주지 스님께 인사드리러 갔더니 생각지도 않은 모과를 가져가라며 한 바구니 주신다. 모과 원액을 뽑아 음료수를 만들어 신도들에게 대접하는 귀한 모과가 아닌가. 황송하고 고마웠다.

결국 예쁜 찻잔과 모과 향기를 맞바꾼 셈이다. 나는 가게에 먼지가 많아 잔기침을 목에 달고 산다. 기침에 좋다는 모과 원액을 내어 잘 먹겠다고 인사 드리는데 어쩐지 목이 메었다. 스님이 절을 지을 때 모과나무를 심어주신, 지금은 돌아가신 속세의 아버지 생각에 나뭇가지조차 꺾는 것을 싫어하시는가 싶어서다.

조급했던 성격이 이순을 지나면서부터는 제법 완화되었다고 생각했다. 한데 아직도 멀었다.

집에 돌아온 남편은 딱딱한 모과 채썰기를 계속하고 있다. 온 집안에 모과 향이 그윽하다. 썬 모과를 담을 독을 씻어 준비해 놓고 거실에 소중히 매달아 둔 모과 보살님들에게 가지째 꺾어 죄송하다고 중얼거렸다. 주지 스님께 전하는 사죄의 마음도 함께였다.

회룡포를 돌아서

경북 예천군 회룡포를 찾아갔다. 어느 신문에서 소개한 광고를 오려뒀다가 찾아 나선 길이다. 신문에서 안내한 대로 산 중턱에 자리한 천년고찰 장안사 주차장에 차를 세웠다. 법당에 들어가 부산 영도 섬에서 온 부부라고 부처님께 아뢰고 예를 올렸다.

부처님이 길잡이로 붙여준 바람 한 점 앞세우고 절의 좌측 길로 접어들었다. 223개라는 계단이 나온다. 입구부터 이름깨나 있는 시인들이 목판화에 시 한 수씩 들고 섰다. 내가 무슨 후배라도 되는 양 계단 양쪽으로 사열하듯 눈길을 빼앗는다. 내심 전망대에 빨리 오르고 싶었다. 눈에 익은 시인의 시만 대충 눈요기하며 오르다 보니 천혜의 경관이 눈 앞에 펼쳐진다. 탁 트인 회룡포 전망대에 섰다.

와! 전망대 앞에서 입을 다물지 못하겠다. 마치 테이프가 돌아가듯 감탄사가 흘러나온다. 두말이 필요 없는 신이 그린 살아있는 한 폭의 그림이다. 액자로 걸어 두고 매일 봐도 싫증 나지 않을 하느님의 생 예술품이다. 내성천이 휘돌며 작은 마을을 품고 감싸고 있다. 늦겨울이라 강수량이 적은지 높은 지대 은빛 모래톱이 햇살에 넓게 드러났다. 물은 낮은 강기슭으로 휘돌아 흐른다. 물 많은 계절에 다시 와서 넓은 물길로 완전히 둘러싸인 마을을 눈에 실컷 담고 싶다. 강물을 줄였다 늘였다 하는 것도 하느님의 마음이니 때를 잘 살펴 와야겠다. 다시 오면 하룻밤 자고 일출이 장관이라는 아침 해도 꼭 봐야지.

갔던 길을 되짚어 내려오는 계단이다. 오르면서 다 못 읽은 시를 천천히 감상한다. 숲길을 타고 회룡포 마을로 내려갔다. 회룡포 입구에서 안내판을 살펴보았다. 회룡포는 낙동강의 지류인 내성천이 용이 비상하듯 물을 휘감아 돌아간다고 하여 붙여진 이름이란다. 강 앞에 이르니 강물 위에 뿅뿅다리가 길게 놓여 있다. 수위가 높아지면 철제 다리 구멍에서 뿅뿅 소리가 나서 붙여진 이름이라고. 양쪽으로 놓인 이 다리를 통해 마을로 들어가나 보다. 엄마 품 안에 꼭 안긴 듯 사방이 민물에 갇힌 육지 안의 섬이다. 지난여름처럼 비가 많이 와 물이 찼을 때 바라보면 용의 실루엣이라도 잡힐 것 같다.

요즘 미스트롯에서 김다현이 부른 '회룡포' 노래도 있고 해서 관광객이 많을 줄 알았다. 코로나 19 여파가 여기에도 역력하다. 전망대에도 넓은 모래밭에도, 가족 단위인 구경꾼만 띄엄띄엄 보일 뿐이다. 뿅뿅다리를 건너니 주변 밭과 어울린 몇 안 되는 집들이 작은 마을을 이루고 있다. 전부 합쳐 주민이 20여 명뿐이라고 한다. 경주 김씨 집성촌이란다. 남편도 김씨 성이고 시어머님도 경주 김씨이다. 우리도 일을 접으면 이런 경치 좋은 곳에 한 자락 얻어 살자고 남편에게 졸라본다. 남편은 산 좋고 물 좋은 곳만 보면 또 병이 도진다고 퇴박을 준다.

동네를 천천히 한 바퀴 돌고 가로수가 멋진 산책로로 들어섰다. 잎을 다 떨군 앙상한 나목들이 한 해 임무를 다한 듯 당당하게 양쪽 길을 사열하고 섰다. 마을을 호위하는 파수꾼같다.

언젠가 여름휴가 때 비라도 많이 오면 다시 와야지. 그때는 가로수 잎과 악수라도 하자며 손 흔들고 돌아선다.

영도대교

冬 다락방의 추억

국제대학 동기들

지난해 경자년 칠순을 코로나 19에 빼앗겼다. 다행히 처녀 적 친구들 대부분은 올해가 칠순이다. 그 친구들이란 게 고향 친구와 동창을 제외한, 순전히 부산 국제시장 도매상 점원으로 취직해 있던 친구들이다. 일명, 국제대학 동기들이다.

우리는 국제시장 2공구 A동 2층 한 지붕 아래에서 만났다. 거창 경주 고성 밀양 부산이 각자 고향이다. 그 시절, 그러니까 대략 50여 년 전일 것이다. 그때는 도매 장사가 엄청나게 번성했던 때다. 가게마다 대부분 종업원이 서너 명은 되었다. 우리는 앞집, 옆집, 그 옆집 등 모두 다른 가게에서 일했다. 거기다 낮에는 너무 바빠 말 한마디 주고받을 짬이 없었다. 퇴근 후엔 야간학교에 다녔기에 친구들과 자주 어울리지도 못했다. 내가 결혼하기 전, 원불교 교무가 되겠다며 다른 길을 간 앞집 절친 외에는 따로 만나 노닥거려 보지도 못했다. 그렇게 결혼적령기를 맞았다. 그러다가 결혼 즈음에 모두 연락이 닿아 지금까지 우정을 이어오고 있다.

푸시킨의 시에서처럼 지나간 날의 기억은 다 그립다. 더구나 우리는 어려웠던 시절에 같은 공간에서 같은 경험을 공유한 친구 사이다. 서로 멀리 떨어져 바쁘게 살다 보니 정기모임 같은 정해놓은 약속은 없다. 수시로 안부를 전하고 제2의 고향인 부산에서 또는 서울에서 기회가 닿으면 가끔 만났다. 그러다 코로나 여파로 그 만남이 계속 늦춰졌다. 이러다간 얼굴도 못 보고 죽겠다고 들썩일 때 서둘러 계획을 세웠다. 칠순 맞은 친구가 넷이나 있으니 핑계 삼아 몇 년 만에 얼굴이나 볼까 해서다. 음식은 내가 준비해서 남편이 싣고 갈 테니 몸만 오라고 연락했다.

다들 좋다고 방방 뛰었다. 좋아하는 걸 보니 중학교 동기모임 회장직을 20년 가까이 맡고 있으면서도 칠순 동기들을 코로나 핑계로 만나지 못한 게 마음에 걸린다. 전직, 현직 총무가 칠순 동기 언니들을 위해 백화점에서 산 선물까지 쟁여둔 채 코로나19 눈치만 보는 실정이다. 우리끼리라면 야외에서라도 잠깐 볼 수는 있다. 은사님을 모시기로 한 마당이라 이래저래 코로나 기세만 꺾이길 학수고대하는 중이다.

목 빼고 기다린 날 새벽, 친구들에게 줄 선물과 음식을 잔뜩 싣고 경북 봉화로 출발했다. 하루 전 봉화로 내려온 서울 친구들은 완도에서 택배로 구했다는 전복으로 죽을 끓여놓고 빨리 오라고 번갈아 가며 재촉이다. 아따, 이 이상 어찌 더 빨리 가냐고, 너희끼리 맛있는 죽 다 먹으라고 했더니, 새벽에 한술 뜨고 왔다는 말도 귓전으로 흘리고 도착할 시간 맞춰 전복죽을 새로 끓여놓았단다.

봉화에는 가장 가깝게 지내던 친구가 원불교 교무로 재직하고 있다. 사회에서는 퇴직할 나이에 맞춰, 원불교 본부에서 평생 머물지도 모를 공기 좋고 신도 적은 조용한 곳으로 전근을 보낸 게 아닌가 짐작할 뿐이다. 올봄에 이사했다기에 겸사겸사 친구들을 불러 모았다. 교당이라 사회적 거리두기로 6명 정도는 괜찮다기에 사월초파일 지난 후 밀어붙였다. 다른 친구들이야 남편과 자식들이 칠순이라 이름 붙여 밥 한 끼라도 먹을 수 있지만, 근행 친구는 칠순도 쓸쓸하게 보내지 않을까 하는 생각이었다.

막상 가서 보니 시골 읍의 작은 교당이다. 몇 안 되는 신도들이 친구를 잘 챙겨 주는 것 같았다. 마음이 푸근하고 안심이 되었다. 신도들이 교무님 친구들이 온다고 음식까지 해놓았다. 준비해 간 음식까지 보태니 모자랄 것 없는 잔칫상이 되었다. 하루 먼저 온 친구들은 청량사에도 다녀왔단다. 청량사는 예전 윤달 삼사 순례 때 가 본 유명한 사찰이다. 그때 주지 스님 작품인 국보 판화와 탱화 그림까지 기념으로 사서 방에 모셔 두었다. 그 청량사를 봉화까지 와서 못 가 보는 게 좀 아쉬웠다.

산수 수려한 곳에 왔으니 예천의 회룡포 구경에 나섰다. 회룡포는 얼마 전에 우리 부부는 가 봤지만 친구들이 못 가봤다 해서다. 잦은 비로 강의 수량이 늘어나 시원해진 강을 바라보고 또 바라보았다. 서서 보고 앉아서도 보며, 그 좋은 풍광을 옆에 끼고 몇 번이고 돌아보고 싶었다. 그러나 친구들은 이미 몸이 말을 안 듣는 듯하다. 전망대를 먼저 다녀온 후라 그런가. 하나같이 허리도 다리도 시원치 않다. 좋다고 감탄을 자아내면서도 반도 못 가서 돌아들 선다.

저 아늑한 육지 안의 섬을 바라보며 못 들어가 보다니. 앞서 걷던 내가 한숨이 절로 나왔다. 주위의 풍경은 모두 그대로인데 사람만 시들어가는 것 같다. 하긴 물도 어제 흐르던 물이 아닐 것이고, 꽃도 작년의 그 꽃은 아닐 터다. 꽃이 진 자리에는 겨울의 고난을 이겨 내고 새 꽃이 또 대를 이어가고 있을 것이다. 이 모든 게 자연의 법칙이라지만 너무 빠르고 허망하다. 엊그제 새파랗던 우리도 어느새 할미꽃이 되어 버린 신세다.

국제대학 동기라고 강조하는 부산 친구에게 나는 한술 더 떴다. 국제종합전문대학 경영과 출신들이라고. 우리가 배운 과목은 사회와 바로 접목되는 정직·근면·인내·친절·계산 등이며, 어느 대학에서도 내놓고 가르치지 않는 종합과목을 이수했다고. 그것도 취직하기 어려운 도매상에서 4~5년씩 고생해 돈 벌며 현실 공부를 치열하게 한 덕에 모두 잘살고 있다고. 저녁엔 친구들이 준비한 케이크와 술을 부어놓고, 챙겨간 담근 매실주와 포도주도 따라놓고 칠순 축하 노래를 불렀다. '국제대학 친구들 칠순 축하합니다.' 시골 읍내의 교당에 친구들의 노랫소리가 밤의 정적을 갈랐다.

돌아오려니 봉화의 친구는 친정 온 자식들 챙기듯 선물 보따리를 잔뜩 안긴다. 몸에 좋은 보약들이다. 봉화의 호박떡이 맛있다고 했더니 새벽에 방앗간에 떡을 또 주문했다. 떡 절반은 내게 내민다. 국제시장 가게 이웃들과 나눠 먹으라고 한다. 덕분에 가게 이웃들도 따뜻하고 맛있는 떡을 잘 먹었다. 친구 말마따나 국제시장 국제대학 선배가 보낸 떡이다.

내년엔 부산에서 만나잔다. 코로나 때문에 시원한 답을 하지 못하고 반 대답만 하고 왔다. 한 살 더 먹은 언니가 칠순 잔치 챙겨줬더니 한 술 더 떤다며 투덜대고 돌아왔다. 그래. 그러자. 우리가 만나면 얼마나 더, 아니 몇 번이나 더 만날 수 있을까. 코로나가 물러가면 다시 보자고 미련을 남긴다.

다락방의 추억

퇴근길에 남편 오토바이에 타고 남항동 구 전차 종점에 갔다. 그곳은 우리 부부에게 추억이 많이 묻은 동네다. 남편이 총각 시절에 일했던 조선소는 이곳에서 바다 쪽으로 두어 블록 내려간 곳에 있었다. 그가 부산에 올라와 처음 지낸 곳은 전차 종점에서 신선동 산비탈 쪽으로 올라간 셋째 누님댁이었다. 나는 전차 종점 바로 위쪽 골목에 다락방을 얻어 살았다. 내가 살았던 두 번째 다락방이었다.

첫 다락방은 부산으로 혼자 올라와 자취했던 방이다. 대청동 된비알에 있던 작은 집의 조그만 다락방으로 옆집에는 친구가 살았다. 일터인 국제시장에서는 걸어서 15분 거리로 야간에 다닌 용두산공원 아래 D 여중과 비슷한 거리였다.

전세보증금도 없었다. 쥐꼬리만큼의 월세를 주고 잠만 자고 다녔다. 시골에 계신 어머니께 말씀드리면 적은 돈을 융통해 주실 법도 했다. 그러나 어머니는 내가 가게 주인집에서 자고 다니는 줄 알기에 걱정을 끼치고 싶지 않았다. 실은 몸이 아픈 어머니의 농사일을 팽개치고 온 것만으로 죄송해 돈 얘기를 꺼내는 건 엄두도 못 냈다.

한 달에 두 번 쉬던 휴일이면 아랫동네의 공동 수돗가로 가서 물을 이고 날랐다. 물동이를 늘어놓고 이삼십 명이 줄을 서서 기다려 물을 받았다. 물동이를 이고 윗동네로 오르는 일은 스무 살 팔팔한 애가 아니면 하기 힘든 일이었다. 다행히 열여섯 살 초봄까지 시골에 살면서 우물물을 길어다 먹었기에 물동이를 이고 다니는 일은 잘했다. 동이 밑에 똬리만 잘 받치면 동이에 팔할쯤 채운 물을 이고 50m 정도는 동이를 손으로 잡지 않고도 갈 수 있었다. 물론 이는 평지에서만 가능한 일이었다.

물동이를 이고 가파른 된비알을 오르는 일은 쉬운 일이 아니었다. 오랜 경험이 있는 어른들도 더운 여름엔 진땀을 빼는 일이었다. 한 손은 물동이를 잡고, 욕심에 팔팔하게 채운 물이 출렁거려 흘러내리면 다른 손으로 계속 훑어냈다. 더구나 언덕 위로 올라가야 하니 물을 돈 쓰듯이 아껴 써야 했다. 67~68년도 그즈음 고지대에는 물지게로 물을 팔러 다니던 아저씨도 가끔 있었다. 그때 다락방 주인에게도 이렇게 이고 온 물로 더러 인심을 썼다. 양철 물동이를 잠시 빌린 값이기도 하고, 내가 물을 퍼 써도 덜 미안하기 때문이었다.

집주인 아줌마는 겉절이 생김치를 맛깔나게 담갔다. 쉬는 날에는 밥만 하면 찬으로 먹으라고 김치를 곧잘 주셨다. 인심이 좋은 분이기도 했지만 실은 그 집에 내 또래 아들이 있어서였는지도 모른다. 작달막해도 얼굴은 순하고 예쁘장한데 성격이 야무진 나를 보고 그 아들의 배필로 살핀 눈치가 있었던 것 같다.

그 무렵 고향 동네 동창이던 남편이 영도로 왔다. 조선소 기술자로 일하면서 퇴근 후엔 가끔 내 다락방을 찾아왔다. 하루는 밤이 늦은 시간에 찾아왔다. 바깥에서 휘파람으로 계속 신호를 보냈지만 나가지 않았다. 한참 후 조용하기에 이젠 돌아갔으려니 하고 나가 보니 술에 취해 마당(다닥다닥 붙은 판잣집들의 좁은 공동 앞마당)에다 토해놓고는 바깥벽에 기대어 잠들어 있었다. 남편이 술에 취하면 장소 불문하고 자버리는 버릇이 있는 줄 그때는 몰랐다. 그 후 집주인 보기도 친구 보기도 민망해 남편이 근무하는 영도의 전차 종점 근처로 이사했다.

이번에도 다락방이었다. 그래도 세 명은 누울 수 있는 공간이라 전보다는 편했다. 대청동의 다락방은 마루 입구에서 사다리를 이용했다. 옮긴 남항동의 다락방은 주인댁의 현관을 통과하지 않아도 되었다. 다락방으로 오르는 계단이 밖에 있어 누가 들락거려도 맘이 편했다. 평지라서 물을 이고 다니지 않아도 돼 더 좋았다. 그때는 허리를 펴고 완전히 설 수 없는 다락방이 불편하다고 생각해 본 적이 없다. 온전히 나만의 공간이 있다는 것만으로도 마냥 좋았다. 온종일 가게에서 서서 일하고 단골 지각생이란 딱지를 이마빡에 붙인 채 야간여중에 다닐 수 있는 것만도 행복했다. 여중에 다니는 친구들이 너무 부러웠던 때였다.

우리 앞 가게 도매상에 근무하던 친구가 다락방에 놀러 오면 가끔 자고 갔다. 가게 일을 마치고 친구와 얘기하다 보면 금방 자정이 되었다. 그때는 자정이 통행 금지 시간이라 까딱하면 발이 묶였다. 이 다락방에 유일하게 드나들던 둘도 없는 내 친구다. 제 언니들의 실패한 결혼에 마음 아파하더니 원불교 교무가 되겠다며 곁을 떠나갔다. 요즘도 가끔 그 친구가 찾아오면 옛 추억담을 나누며 웃는다. 다락방이 떠오르면 함께 생각나는 친구다.

나는 늘 잠이 모자랐다. 아침밥은 대부분 굶고 출근했다. 점심은 가게에서 해서 먹으니 많이 먹고 저녁은 토마토 몇 개나 빵 한 개로 때웠다. 요즘도 종일 굶어도 배가 고프지 않은 게 그때 워낙 바쁘게 살았던 환경의 습관이려니 싶다.

그 다락방을 벗어난 날이 국제시장에 가게를 내며 남편과 살림을 합친 날이다. 비좁고 어두웠던 그 다락방은 가슴 두근거린 나만의 첫 공간이었다. 그곳에서 꿈을 키웠고 전깃불을 자유롭게 켜고 책을 맘껏 볼 수도 있었다. 당시에는 도매장사가 아주 잘 되었는데도 종업원들이 먹는 김치는 허옇게 소금만 많이 넣어 따로 담가주었다. 스카프 만드는 가내공업도 겸하고 있어서 여럿이 자야 하는 방에는 전깃불도 늦게까지 켜놓을 수 없었다. 마른걸레에서 물기를 쥐어짜듯이 다들 그렇게 살았다.

이런 비슷한 고생을 함께 겪어온 우리 부부는 늘 현재에 만족하며 살아왔다. 자기의 삶에 만족하며 사는 이가 별로 없다고들 말한다. 그러나 우리는 아니라고 자신 있게 말할 수 있다. 생활이 차츰 나아졌고 마음은 늘 부자였다. 다락방 시절에 비하면 지금은 재벌이 부럽지 않으니까.

가게 전성기 때는 종업원도 두세 명씩 있었다. 종업원들은 일에 완벽주의였던 내 밑에서 꽤 힘들었을 게다. 그러나 현재 개구리가 되었다고 해서 올챙이 적을 잊은 적 없다. 직원 월급과 먹는 것만큼은 넉넉하게 챙겨 주었다. 소금도 먹은 놈이 물 켠다고 하지 않던가. 일 하나라도 제대로 잘 배워 나간 그들은 인생을 사는 데도 큰 도움이 되었으리라 믿는다.

내 인생 첫 출발은 대청동 산비탈의 작은 다락방이었다. 다닥다닥 기차간처럼 붙은 열댓 평도 안 되는 판잣집 마루 입구에 얹힌, 겨우 둘이 누울만한 창고였다. 왜소한 내 몸이 허리를 펴지도 못하고 들락거렸다. 남항동 개인 주택 다락방은 그보다는 넓고 바깥에서 독립된 통로로 들어갈 수 있었다. 그래도 애인이 찾아오면 안집 주인이 눈치챌까 봐 휘파람 소리만 들리면 천둥소리에 개가 놀라듯 소스라쳐 허벙저벙 뛰어나갔다. 전화가 귀했던 그 시절엔 애인이 있는 이들은 이런 경험을 숱하게 했으리라.

50년이 지난 지금은 부부가 숨바꼭질해도 될 만치 넓은 아파트에 산다. 아이들이 모두 서울로 대학을 가면서 평수를 줄여볼까도 했다. 하지만 한 번 넓혀버린 집은 줄이기도 어려웠다. 일에서 손을 떼면 이 집에서 훌훌 털고 풍광이 아름다운 어느 가람이나 갯가를 찾아 나서 볼까 한다. 거기에 추억의 다락방을 만들고 하늘이 보이는 쪽창 하나 달면 금상첨화겠다.

벌초 후 넋두리

– 친정 어머님, 아버님 전에

9월 1일, 음력으로 8월 3일 첫 일요일이다. 추석도 열이틀밖에 남지 않았다. 국제시장 도매상인들은 지정 휴일이 명절에서 일주일 안쪽에 들어있으면 그 휴일은 쉬지 않는다. 그러니 벌초를 하려면 오늘밖에 시간이 없다. 휴일마다 쉬면서 여태 벌초하지 않은 건 최근 들어 얕은꾀가 생긴 때문이다. 앞서간 정씨 집안 성묘객들이 산길을 좀 정비해 놓고 나면 가기로 머리를 굴렸다.

휴일에 그들과 모여 성묘하면 우리도 함께할 수 있다. 하지만 여러 가지 여건으로 그러지 못하니 친정 벌초는 매년 따로국밥인 셈이다. 예전에 유월 말에 벌초를 한 번 더 할 때는 우리가 늘 먼저 길을 틔웠다. 두 달 후 추석 밑에 가 보면 숲속 오솔길의 나무와 풀은 쑥쑥 자라나 있다. 그래도 초벌 풀을 맨 밭과 안 맨 밭이 다르듯이 훨씬 수월했다.

몇 해 전까지만 해도 유월 말과 추석 밑 두 차례씩 친정 부모님 산소에 우리 부부가 벌초했다. 형제 중 삼 남매가 서울에 살고 있고 오가는 길이 왕복 열두 시간 거리이다 보니 명절이나 벌초 철에는 내려올 엄두를 내지 못한다. 해서 40여 년 전부터는 부산에 있는 우리가 벌초를 다 했다. 성묘를 일 년에 두 번씩 할 때는 좀 수월했다. 이제는 힘에 부쳐 한 번으로 줄이니 풀이 웃자라서 또 힘들다. 산 입구에서부터 길을 내야 하니 숫제 풀과 전쟁을 치러야 한다.

예상이 맞았다. 일주일 전에 정씨 일가들이 산 곳곳에 있는 자기 부모 산소에 성묘하고 갔다. 덕분에 길이 대충 정리되어 있다. 하지만 그것도 윗대 할아버지 산소까지가 끝이다. 거기서부터 우리 산소까지는 길도 없이 풀밭으로 변해 버린 묵정밭뙈기다. 길도 아닌 밭둑 길을 예초기로 길을 내면서 200m 가까이 더 들어가야 한다. 농장에서 쓰던 큰 예초기로 남편은 풀을 베고 길을 틔우느라 산소에 닿기 전에 땀범벅이다. 나는 나대로 등에 제물과 물이 든 배낭을 짊어지고, 한 손엔 쇠갈퀴를 또 한 손엔 큰 막대기를 짚고 뒤따른다. 미리 피하지 못한 날 것에게 막대로 기척을 내며 가는 나도 땀구멍이 일찌감치 열린다.

땅이 꺼진 구렁에 발을 헛디딜 때마다 예초기 소리에도 달아나지 않는 간 큰 뱀이라도 밟을까 봐 노심초사한다. 자기들 영역에 들어온 우리에게 풀벌레도 만만치 않게 덤빈다. 집에 가서 옷을 벗어 보면 여기저기 상처투성이다. 풀에 찔린 자국으로 피부는 무늬가 져 있다.

지친 상태로 산소 입구에 닿는다. 시골에서 자라 초록 나무를 참 좋아하지만, 내 키와 어금버금한 산소의 억센 풀은 너무 거칠어 무섭다. 남편 옷은 벌초를 반도 하기 전에 땀에 젖어 물이 흐른다. 여분으로 가져온 옷을 깜박하고 차에 두고 왔다. 다시 내려가 옷을 가져올 형편이 아니다. 하긴 옷을 갈아입어도 금방 또 젖을 것이다. 남편은 벌이 윙윙거리는데도 웃통을 벗어놓고 설친다. 벌은 많이 쏘여봐서 면역이 생겼다나 뭐라나. 그런 남편이 몸무게가 늘어난 지난해부터는 부쩍 힘든 지 십여 분 베다가 쉬기를 반복한다.

남편이 베어낸 풀을 쇠갈퀴로 긁어 비탈진 산소 아래 언저리로 옮기는 일은 내 몫이다. 등에 땀이 줄줄 흐른다. 예전에는 땔감이 없어 겨울 산에 올라가 말라붙은 풀까지 긁어 날랐던 몸이다. 그러니 날씨만 덜 더워도 할만한 일이다. 오전에 하고 온 시할아버지 부부 산소에서도 벤 풀은 모두 내가 치웠다. 올해부터는 먼 곳에 있는 시댁 윗대 산소는 성묘를 못 하겠다고, 시동생들에게 맡겼기에 한결 수월했다.

시댁 산소는 큰집 밭 옆에 있어 수월한 편이다. 윗대 산소를 맡은 시동생들이 빨리 돌아와 시부모님 산소도 맡아주었다. 성묘 때 조카들이 많이 참여하면 점심값으로 우리가 목돈을 쓴다. 지난해에 차가 밀려 고생했는지 올해는 시동생들만 새벽부터 와서 일찌감치 끝내고 돌아갔다. 우리 딸들은 멀리에 있어 참석을 못 한다. 대신 점심으로라도 형님 체면을 때우는데 오늘은 상석에 차린 과일로 목만 축였다. 더 더워지기 전에 처가 벌초도 마저 끝내자고 남편이 서둔 때문이다.

친정 산소는 시집 산소와 근거리인 통영시 저산리다. 몽돌이 예쁘게 깔린 바닷가를 앞에 둔 내 부모님 산소다. 오늘은 친정 부모님 벌초를 끝내고 상석에 배, 사과, 밤, 토마토, 술, 직접 부친 고추전, 마른명태, 빵으로 시댁 산소와 꼭 같이 간소한 묘제 상을 차렸다. 그리고 고했다. 내년, 더 길게는 내후년까지만 벌초하겠다고 미리 알려드리니 섭섭하게 생각 마시라고. 이제 김 서

방도 나이가 들어 허리도 아프고 힘들어해 다른 방도를 찾아봐야겠다고. 내가 첫돌도 안 돼 돌아가신 아버지이지만, 스물다섯에 결혼한 이후 남편의 군 복무 2년여를 빼고는 벌초를 빠트리지 않았다. 이도 이젠 힘들어 못 하겠다고 고했다.

석 달 전에 친정 오빠도 돌아가셨다. 이런 일을 의논할 곳도 마땅찮다. 친정 부모님 제사 비용도 딸들이 내고 있는데 벌초 대형업체에 맡기면 그 비용도 다 내 몫이다. 그래도 남편에게 덜 미안한 건, 시집 산소 정리할 때도 우리가 돈을 다 댔기 때문이다. 40여 년 전 시어머님이 돌아가셨을 때 집안 산소를 새롭게 단장했다. 그때 재산을 물려받은 아주버님은 한 푼도 안 내고 꽤 큰돈을 우리가 다 감당했다. 하여 친정에 이런 일로 돈이 들어도 남편이 토를 달 입장이 못 된다.

오래전, 딸과 예비 사위의 궁합을 보러 간 김에 우리 부부 궁합도 본 적 있다. 그때 우리 궁합이 안 좋은데 양가 조상님이 도와주어 잘살고 있다고, 그러니 조상님에게 잘하라는 얘기를 들었다. 하여 시집과 친정 안 가리고 잘하느라 노력했다. 조상님의 넋이 있다면 도와주시리라 믿는다. 그러고 보면 부부 궁합을 본 그 철학관도 공짜 돈은 안 먹은 셈이다.

친정아버지가 돌아가신 지 70년이 다 됐다. 어머니가 가신 지도 30년이 넘었다. 친손자가 둘이나 있지만 결혼도 안 한 데다 산소를 돌볼 처지도 아니다. 재혼한 올케언니와 오빠 사이에는 자식 하나 없다. 비용은 딸들이 낸다고 해도 시집 제사를 지내주는 것만도 감지덕지다. 친언니와 여동생이 있지만 다 혼자인 데다 본인 몸 가누기도 어렵다. 오빠도 돌아가셨으니 우리가 서울까지 오르내리느니 친정 부모 제사는 내가 지내겠다고 선언했다. 올케언니는 자식들이 서울에 있으니 그대로 지내겠단다. 마음이라도 고맙게 여긴다.

시집이고 친정이고 다 내 부모라 여겼다. 누구에게 미루지 않고 자식 된 도리를 해왔다. 그런데 아무래도 남편 나이 일흔까지가 한계일 것 같다. 산소는 후손이 부담 없이 가 볼 수 있는 가깝고 안전한 곳으로 모시는 게 좋겠다. 우리도 사후에 서울에서 가까운 거리에 뼈를 묻어 자식들을 힘들지 않게 할 생각이다.

내 부모님 산소는 길이 너무 험해 초등학생은 갈 수도 없다. 가다가 자칫 한눈팔면 수십 길 아래 바닷가 낭떠러지로 떨어진다. 둘이서 손잡고 걸을 수도 없는 오직 정 씨들 산소만 오가는 좁은 외길이다. 곳곳이 길도 아닌 허방이다. 옛날에 땔감이 귀하던 시절엔 다랑이 밭도 부쳐 먹고 나무도 하러 다녔다. 요즘은 동네 텃밭도 놀리는 실정인데 경치 하나는 끝내준다. 산소에서 내려다보면 넓은 바다가 전부 부모님의 정원이다. 종일 퍼더앉아 쉬고 싶게 풍광이 무척 아름다운 곳이다.

"아버님, 어머님. 벌초를 하는 날까지 하다가 맡길 데가 없으면 자연에 맡길 테니 용서하소서. 이 경치 좋은 고향 땅을 부모님이 떠나고 싶지는 않을 것 같아 이장은 꿈도 못 꿉니다. 그러니 어려워진 당신 손자들을 잘 보살펴 주소서. 그 옛날, 이 바닷가 동네에서 고깃배를 몇 척이나 부리며 떵떵거렸다던 정씨 집안을 다시 일어나게 돌봐 주세요. 그래야 당신의 큰손자 명의로 된 이 산을 찾아, 아니 할아버지와 할머니를 찾아 산소를 드나들지 않겠습니까. 이 둘째 딸이 벌초에서 해방되어도 마음 편하게, 당신 손주들을 건강하게 잘 좀 살아가게 해 주세요. 만일 넋이 있다면요."

오늘은 친정 부모님 산소에서 유독 넋두리가 길어졌다.

비상금으로 남편 영창을 면하고

김영란법이 뉴스에 자주 등장한다. 까딱하면 법에 저촉되니 매사에 조심해야 한다는 요지다. 우리 서민이야 뇌물을 주고받을 일도 없으니 달라질 게 뭐 있나 싶다. 그래도 사방에서 화젯거리가 되니 비상금으로 뇌물을 준 신혼 때의 일이 불현듯 떠오른다.

1976년의 초가을이었다. 첫딸이 제법 걸음마를 하던 날이다. 제 아빠가 온다니 말도 걸음마도 늦던 아기도 마음이 바빴나 보다.

군 복무 중인 남편이 가게가 쉬는 휴일에 갑자기 휴가받아 온단다. 급한 마음에 서둘러 아기를 업고 부산역으로 나갔다. 세 가족이 해후한 기쁨도 잠시였다. 분수대 앞에서 군인 아빠가 아기를 서툴게 안고 기념사진을 찍을 때까지는 하하 호호했다. 부산역 보초를 서던 헌병의 매서운 눈초리에 딱 걸렸다.

전쟁이 한창일 때 태어난 우리 세대가 거의 그랬듯 남편도 나처럼 호적이 2년이나 늦었다. 첫애가 백일도 되기 전에 입대했으니 아기가 얼마나 보고 싶었을까. 충남 당진 군내에서의 당일 휴가증을 얻어 위수지역을 벗어나 부산까지 와버린 것이다. 대구 공장으로 물건을 떼러 갈 때면 부산역에 헌병이 가끔 보였다. 이런 수상한 이들을 붙잡아가려는 보초였나 보다. 여기서 붙잡히리라고 상상도 하지 못한 남편이나, 군인 신분으로 법을 어기고 왔으리라고는 꿈에도 생각지 못한 나 역시 놀라긴 마찬가지였다.

위급한 상황을 눈치챈 머릿속이 번개처럼 회전했다. “보다시피 지금 막 왔으니 차라도 한잔하고 가야 안 되겠소.” 내가 그를 보며 처음 한 말이다. 우선 부산역 앞 지하다방으로 앞장서서 남편의 팔을 잡고 반은 끌다시피 갔다. 헌병도 어쩔 수 없는지 총을 찬 채 졸졸 따라왔다. 그때나 지금이나 나는 카드는 가지고 다니지 않는다. 대신 비상금은 항상 넉넉하게 지니고 있다. 구석진 의자에 앉자마자 헌병에게 저자세로 통사정했다. 헌병 옆에 슬쩍 다가가 앉아 비상금을 몽땅 털어 보이며 그의 주머니에 쑤셔 넣었다. 그러고는 다짜고짜 말했다. “남편이 외박증을 끊어 부산까지 온 건 순전히 내 탓이다. 작년에 젖먹이를 업고 그 먼 부대까지 갔다가 아기가 코피가 다 났다. 나도 아기 아빠 군에 보내놓고 먹고살려고 아기 업고 장사하는데 몸살 나 며칠을 앓았다. 내일모레가 결혼기념일이고 아기도 보고 싶고 하니, 법에 저촉되는 줄 알면서도 바로 돌아갈 생각으로 온 것 같다. 오죽하면 왔겠느냐. 제발 좀 못 본 체 해주세요."라고 고개를 조아렸다.

그가 잠깐 난처해하더니 사정을 이해하겠다는 듯 알았다며 일어서려 했다. 그때 남편이 "잠깐만요. 아기 엄마가 준 돈이 꽤 많을 텐데 삼 분의 일만 도로 돌려주세요."라고 당차게 말했다. 헌병은 기가 차는 듯 "건방지고 추집은 사람 봐라. 아기 엄마 봐서 봐주려 했더니 겁도 없이 나부대네." 그러고는 도로 다 줄 테니 저랑 같이 가자고 한다. 군부대 감방에 넘기겠다는 뜻일 테다. 나는 겁먹은 얼굴로 남편을 보며 철없이 왜 그러느냐고 나무랐다. 그리자 남편은 나더러 당신은 가만히 있으라고 했다. 헌병의 계급과 이름을 살피며 "좋습니다. 그러면 내가 부대까지 오늘 안으로 갈 테니 무사히 돌아갈 수 있게 신분 보증 증명서를 하나 써주세요. 가다가 또 걸리면 어쩝니까?" 했다. 기는 놈 위에 나는 놈 있다고 하던가. 내가 안간힘으로 헌병과 수작하고 있는 동안 남편은 나름대로 묘안을 짜내고 있었던 모양이다.

남편에게 불고기라도 실컷 먹이고 용돈이라도 쥐여주려고 가졌던 비상금 덕분에 남편이 그날 밤 부대로 돌아갈 수 있었다. 그 일을 겪은 이후로 내 가방에는 늘 비상금이 넉넉히 들어있다. 쫀쫀한 남편도 이런 비상금에 대해서는 왈가왈부 잔소리할 명분을 그때부터 이미 잃었을 것이다.

비상금을 가지고 다닐 수밖에 없는 이유가 또 있다. 남편은 다분히 기분파인 내가 어딜 가면 돈을 잘 쓴다는 이유로 카드를 몰수했다. 어쩌다 외국 여행할 때나 마트에서 싸게 파는 물건을 살 정도의 카드 한 장만 내 이름으로 만들어 자기가 보관하고 있을 뿐이다.

결혼하고 남편이 군에 가버리면 아기와 뭘 먹고 살까 걱정하다 시작한 도매상 일이다. 모임 때만 아니면 비가 오나 바람이 부나 항상 같이 출퇴근한다. 우리 집 돈 관리는 나보다 더 알뜰한 남편이 하고 있다. 그래도 내가 쓰는 용돈에 대해서 그리 까칠하지는 않다.

내 가방에 손대는 것을 싫어하는데도 그는 내 지갑을 종종 확인한다. 비상금을 쓰고 미처 못 채워 넣었다 싶으면 일정량을 빳빳한 새것으로 채워 놓는다. 비상금이 영창도 면할 수 있었다는 걸 잊지 않았나 보다. 하긴 내 비상금이나 남편 비상금도 집안에

급한 일이 생기면 함께 써야 한다. 비상금으로 젊은 날처럼 "남편을 잡아가지 마세요." 하고 부정하게 쓸 일도 없고, 이제는 그때처럼 부정한 일에 쓰지도 않으니 양심의 가책이 될 일도 없다.

요즘이야 잘 봐 달라며 금품을 준 사람이나 받은 사람 모두가 처벌을 받는 시대다. 거기다 김영란법이 시행됐다. 공직자나 정치인들은 좋은 일에 한턱내고 싶어도 함부로 비싼 밥 한 끼 못 살 일이다. 핑곗거리가 생겨 잘 되었다고 생각하다가도 예전 그날처럼 슬쩍 눈감아 주던 인정이 좀 아쉽다.

思母曲 2

호미도 날이 있지마는
낫같이 잘 들 리가 없습니다
아버님도 어버이시지마는
위 덩더둥셩
어머님같이 아껴 주실 이 없어라
어머님같이 아껴 주실 이 없어라
– 고려가요 〈사모곡〉

어머님같이 아껴 주실 이 없어라. 어머님같이…. 이런 어머니를 떠올리면 내 마음 한편엔 늘 안타깝고 따뜻한 바람이 교차한다. 요즘 같으면 아직 미혼일 나이인 서른셋에 남편을 잃고 자식 셋과 함께 남겨진 어머니. 얼마나 앞날이 암담했을까. 먹이를 달라는 눈이 초롱초롱한 어린 자식들을 위해 어머니는 무거운 채소를 받아서 이고 읍내 장에 나가 팔았다. 그러기를 오 년여, 언니 동생 하며 잘 지내던 이웃에게 모아놓은 곗돈을 몽땅 떼이고 허탈해 있을 때, 중매가 들어오던 곳으로 재혼했단다.

내 생애 최초의 기억은 예닐곱 살이던 때부터 시작된다. 읍내의 기와집을 팔아, 뱀과 메뚜기가 불쑥 가로막던 좁은 논길을 질러가면 20여 분이 걸리던 밤디라는 새아버지 동네로 이사했다. 새아버지는 보기 좋게 흰 새치가 보이는 오십 대 초반의 중키에 이목구비가 뚜렷한 준수한 인물이었다. 특히 눈이 커서 동네에서 눈보 집이라 불렸다. 우리는 새아버지 집 바로 위쪽에 초가집을 마련했다. 몇 년간의 병시중에 살림나며 타 나온 논밭을 다 날렸다. 고작 하나 남은 유산인 기와집을 팔아 초가집과 주위의 논밭을 조금 마련한 것이다.

새아버지에게도 사별한 두 아내와의 사이에 자식들이 많았다. 해서 살림은 합치지 않았지만 두 집을 오가면서 여자들이 하기 힘든 농사일은 다 도와주셨다. 우리는 아버지가 없다가 생기니 좋아서 바로 아버지라고 불렀다. 아버지는 자기 자식들도 공부를 못 시킨 처지라 우리에게 도움을 많이 주지는 못했다. 그래도 늘 따뜻한 말로 우리를 위해주셨다. 어머니보다 여남은 살 남짓 많은 아버지였기에 부부애도 좋은 것 같았다. 그런 아버지와 어머니도 어쩌다 말다툼이 있었다.

재혼한 몇 년 후쯤이었을까. 어머니에게 신기가 있어서 병명도 없이 비실비실 아팠다. 신을 받지 않으면 몸이 계속 아플 거라는 무당의 말에 신내림 굿을 하고 큰방 입구에 신방을 차렸다. 몸이나 안 아프게 해달라고 차렸지만 아버지에겐 눈엣가시처럼 걸렸을 게 뻔하다. 방 두 칸뿐인 초가에 아버지가 주무시러 오면 어머니는 신방 앞에서 염불이나 하고 무릎이 닳도록 절만 했다. 그런 아내가, 죽은 남편을 섬기는가 하고 곱게 보일 리 없었을 터. 더구나 새아버지의 가문은 밀양 박씨로 바로 위 형님 댁은 담벼락을 사이에 두고 살았다. 동네에서도 양반집으로 통했다.

어머니는 몸이 아파 신을 모셨지만 얼마 후 치워버렸기에 늘 시름시름 앓았다. 흔히 신을 받아 모시면 초기엔 영험하다고들 한다. 그러나 어머니는 일체 남의 신수를 봐주거나 하지 않았다. 딱 하나 기억나는 게 있다. 어느 해인가 부산 국제시장에 불이 나겠다고 걱정을 많이 하셨다. 오빠와 언니가 국제시장에 근무하고 있을 때다. 그 후 정말 불이 났다. 그로부터 십여 년도 훨씬 지난 어느 날 어머니와 함께 어머니가 살 시골집을 사려고 부산 근교를 둘러보고 있었다. 양산 어디쯤 동네가 훤하게 내려다보이는 어느 동네 맨 윗집을 딱 마음에 들어 하셨다. 그 집을 둘러보고 나오는데 당산나무 아래에서 좀 쉬어가자 하셨다. 까마귀, 까치 같은 새가 지저귀고 있었다. 어머니가 그러셨다. 집이 경치도 좋고 크기도 딱 됐는데 여기는 절대로 이사 오면 안 된다고 저 새들이 그리 말한다고. 신을 모셔놓지 않아도 어머니 몸에는 신이 들앉아 있었구나 싶었다.

그때 처음으로 어머니께 물어보았다. 새의 말을 어떻게 알아듣느냐고. 어머니는 새가 하는 말도 다 들리고, 큰 나무 밑에 앉으면 나무들의 속삭임까지 듣는다고 하셨다. 어머니에게 신기가 왔을 때 내가 철이 들었더라면 하고 생각할 때가 있다. 자식들이 좀 창피하더라도 신을 모시고 어머니 뜻대로 할 수 있었으면 몸도 건강하고 큰 무속인이 될 수도 있었을 거라는 뒤늦은 생각이다. 어머니는 그 시대에 국민학교 저학년까지 다니다가 아홉 살에 당신 어머니가 돌아가시고 계모가 들어오며 중퇴했단다. 훈장 할아버지가 남겨준 책인지 심청전이나 춘향전 책을 가지고 계셨다. 아버지가 안 오는 밤이면 불경 말고도 책 읽는 소리가 큰방에서 나지막하게 흘러나왔다. 새아버지와의 사이엔 여동생을 하나 낳았다. 신을 모신 것 말고는 사이좋게 사셨는데 아버지는 나이만큼 먼저 가셨다.

내가 결혼할 때 어머니는 편찮아서 못 오셨다. 언니 오빠는 서울에서 살았고 내가 도매상을 막 개업한 중에 혼자 결혼식 준비를 해야 했다. 남편과 동거 중이었지만 스물넷인 남자는 별 도움이 되지 않았다. 남편이 첫애를 낳은 후 입대했을 때 어머니가 다리를 절면서도 외손녀를 돌봐주시러 오셨다. 그렇게 어머니와 나와 첫딸의 한집 생활이 시작되었다. 불편한 다리로 덩치 큰 외손녀를 업고 용두산 공원을 가쁜 숨을 몰아쉬며 오르내리시던 모습이 눈에 선하다. 이웃에 말동무 하나 없이 단칸방에 들앉아 손녀를 키우느라 얼마나 답답했을까. 그 심정을 무심한 나는 한참 뒤늦게야 깨달았다.

사위가 제대하고도 어머니는 한동안 우리 집에 계셨다. 역병에 아들 둘을 잃고 낳은 서울의 오빠가 그즈음 이혼했다. 이번에는 친손주 셋을 돌보기 위해 서울로 가셨다. 오빠는 어머니에게 기쁨을 안겨준 귀한 자식이자 몇 번의 부도로 어머니의 애간장을 녹이기도 했다. 그래도 어머니는 아들 집에서 자식들 다 앉혀놓고 마지막 생을 편안한 모습으로 가셨다.

그때 내 나이 서른여덟이었다. 어머니는 늘 아프시던 분이라

뼈에 좋다는 말뼈가루를 사 드린 것 말고는 큰 병원에 한 번 모셔 가지 못했다. 서울 큰 약국에서 언니가 지어 보내는 관절약만 계속 복용하셨다. 가게 일로 늘 바빴는데 어쩌다 시간이 났을 때 어머니는 서울에 가고 안 계셨다. 어머니가 그렇게 빨리 가실 줄은 생각지도 못했다. 효도 한 번 제대로 못 해 보고 아직 살아볼 나이에 곁을 떠나셨다. 당신이 업어 키운 외손녀가 수능시험에서 전국 여자 재학생 중 수석으로 S 대학에 입학했다. 살아계셨다면 얼마나 좋아하셨을까.

이제 내 나이 고희에다 밑줄까지 깔았다. 어머니에게 다 못한 효도로 매년 통영 부모님 산소를 찾아 오빠 대신 정성으로 벌초를 해왔다. 그것으로 어머니께 놓친 효도를 조금이나마 대신한다면 다음 생에 어머니를 만나도 덜 죄송할 것 같다.

어머니, 살아생전 늘 바쁜 딸들을 보며 이젠 어지간히 하라고 하셨지요? 지난해 칠순을 넘기고도 아직 가게를 붙들고 있답니다. 부지런한 새가 벌레 한 마리 더 잡는다고 가르친 어머님의 딸들이 어디 쉬이 일손을 놓겠습니까? 적당한 활동은 건강에도 좋으니 걱정하지 마세요.

올가을에 두 번째 수필집이 나오면 지난봄에 출간한 시집과 함께 제가 책을 세 권이나 냅니다. 바쁜 중에 틈틈이 쓴 글이라 더 소중합니다. 남들에겐 비록 별거 아닐지라도 어머니께선 장하다고 칭찬해 주셔요. 어머니 딸이잖아요.

어머니가 가신 지 벌써 삼십 년도 더 지났습니다. 어머니가 제 곁에 계시다면 원하시는 모든 것을 다 해드릴 수가 있는데 뒤늦게 후회합니다. 그립고 많이 보고 싶습니다. 어머니, 사랑합니다.

세탁기도 못 돌리는 여자

내 나이가 고희古稀임에도 세탁기나 청소기를 돌릴 줄 모른다. 은행 담벼락에 붙은 자동인출기에서 돈을 뽑을 줄도 모른다. 그런데도 아직껏 해보겠다는 시도조차 해보지 않았다.

대신 시간만 나면 책을 보거나 컴퓨터로 글을 쓴다. 워드 잘 치는 것 말고는 아직도 컴맹이다. 전화기에 지인의 번호를 저장할 줄 몰라 급하면 남편을 불러댄다. 전화기로 거래처에 송금할 줄도 모른다. 하니 남편이 이틀만 집을 비워도 그의 부재가 크게 느껴진다. 나를 잘 모르는 이들에게 이런 얘기를 했다가는 바보 소리를 듣거나 시대를 따르지 못하는 사람으로 보이기 십상이다.

그러니 어디 가서 그런 소리를 입 밖에 내 본 적도 없다. 이런 나를 대신해 남편이 비서처럼 전화기 밥도 주고 전화 주문도 확인해 준다. 이러니 내 전화기엔 비밀을 담을 수도 없다.

지난해 여름 비수기 때다. 남편이 먼 데 있는 농장에 풀을 베러 갔다. 그가 일주일 집을 비우자 세탁기와 청소기 돌리는 법을 몰라 난감했다. 진즉 배워두지 못한 것을 후회했다. 그러나 그 생각은 잠시뿐이다. 가게에서 남편과 분담해서 하던 일을 혼자 하니 몸도 지치는데 집 청소까지 구태여 하고 싶지 않기 때문이다. 그 일을 배웠다가는 일거리 앞에서 가만히 있지 못하는 성미라 남편이 미적거리는 사이에 먼저 해버릴 것이다. 차라리 안 배우는 게 내 몸에 덜 미안한 일이다. 요즘 팔을 너무 많이 써 가끔 파스를 붙이는 형편이다.

예전에 경기가 좋을 때는 가게를 한 달에 두 번만 쉬고 날마다 열한 시간을 일했다. 애들이 어릴 때는 집에 가사도우미가 상주했다. 애들이 다 크고 나서는 일주일에 두세 번씩 청소와 빨래만 해 주는 도우미를 불렀다. 일하는 사람이 잠시 없을 때는 남편이 그 자리를 대신했다. 내가 굳이 청소나 빨래까지 하지 않아도 되었다. 음식은 남에게 맡겨 본 적이 없다. 내 입이 짧아 퇴근길에 장을 봐서 바로 해 먹는 걸 좋아한다. 포기김치를 많이 담그는 날은 뒷설거지까지 하고 나면 새벽이 와 있을 때가 허다했다.

남편은 나를 출퇴근시키고, 가게 문 열어 주고, 계산서 뽑아주고, 주문품 배달하고, 택배를 묶어 보낸다. 은행 업무에다 가족 친지들, 친구들, 공장거래처 등의 길흉사에 다니는 것도 그가 하는 일이다. 약수를 떠 오고 쓰레기를 비우는 일도 그의 몫이다.

나는 여러 공장 주문과 반품, 가게 정리와 판매, 택배 주문 챙기기, 남편이 끊은 계산서 정산과 장부 정리, 계절 따라 가게 제품을 확 바꾸는 일을 혼자 다 한다. 늘어 놓은 품목만 보면 남편과 하는 일이 비슷해 보인다. 실제로는 집이고 가게고 태반은 내 일이다. 한때 직원을 두세 명씩 두기도 했다. 요즘은 경기가 없어 부부끼리 하는 게 마음이 편하다. 집에는 사람을 안 쓸 수가 없다. 갈수록 더 기계치가 될 수밖에 없는 이유다.

지지난 여름에 가사도우미가 일을 그만뒀다. 남편이 잘랐다고 하는 편이 맞겠다. 오랜 기간 일을 해오다 보니 잔소리가 없는 우리 집엔 신경을 안 쓰는 눈치였다. 눈에 보이지 않는 곳은 청소도 대충하고, 해 둔 빨래도 널지 않고 가버리기 일쑤였다. 일하러 오는 날짜도 들쭉날쭉 제멋대로였다. 그가 일을 그만둘 때까지 8년여 일을 했다. 이상하게도 이들은 일한 지 5년이 지나가면 정신이 무디어져 가는 현상이 보였다. 돈 쓰고 대충해 놓고 살 바에야 우리가 일을 나눠서 하고 살자는 남편 말이었다. 그 말도 옳았다. 가사도우미는 최저 임금의 배가 넘는 봉사료를 지불한다. 주인이 지켜보지 않아도 내 일처럼 하고 가면 오죽 좋을까. 고용자와 고용인의 차이가 이런 데 있는가 싶다.

남편 의견에 바로 동의했다. 남편은 청소와 빨래를, 나는 음식과 설거지를 하기로 확실하게 일을 나누었다. 물론 이는 말대로 지켜지지 않았다. 빨래를 개키고 다림질하는 일도, 남편 담당인 목욕탕 청소도 내가 더러 할 수밖에 없다. 낡은 아파트의 구석구석을 남자들은 다 들여다보지 못한다. 남편 역시 보이는 곳만 청소기를 밀고 다닐 뿐이다.

꽃을 좋아하는 대가로 베란다 꽃에 물 주는 일이나 청소는 도우미가 있을 때처럼 내 몫이다. 다만 각자 자기 방 목욕탕 청소는 스스로 한다는 규칙을 정했다. 그래도 운동화 씻을 솔을 가지러 간다거나 하면 더러워진 거울과 세면대를 외면하지 못한다. 어쩌다 친구들이라도 들이닥치면 지저분한 변기를 보고 안주인을 욕하지 남편을 나무라겠는가. 남편과 내가 초등, 고등 동창 부부다 보니 친구들도 가끔 들락거린다. 대충해 놓고 살자는 것도 입에 발린 말일 뿐이다. 도우미 없이 살아본 지 꼭 이 년째다. 요즘 우리 집 돌아가는 그림이다.

둘 다 일흔이 코앞이다. 부부가 저승까지 한날한시에 갈 수는 없을 터다. 나이순대로 한 살이라도 더 먹은 내가 먼저 가면 남편이 답답할 것이다. 아무리 바빠도 간장, 된장, 고추장, 김치는 사 먹지 않았다. 내가 없으면 입에 맞는 음식을 못 먹는 남편 불편이 클 테다. 몸에 좋다는 약이라면 손부터 내젓는 그가 먼저 떠나면, 나도 뒤늦게 배워야 할 게 한둘이 아니겠다. 마트에서 사 온 병뚜껑 하나 제대로 못 따고 기계치에다 운전도 못 하는 내가 남편 없이 산다는 건 힘들 것 같다.

건강은 각자 챙기기로 하고 서로에게 별 신경을 안 썼다. 이 년간 집안일을 분담해서 하다 보니 누구라도 없으면 서로 참 불편하겠다는 생각이 든다. 누가 먼저 떠날지, 혼자 지낼 시간을 줄이기 위해서라도 건강도 챙겨주며 스트레스도 받지 않게 할 일이다. 실은 그것이 나를 위한 챙김이다. 고희가 가까워서야 절로 철이 드나 보다.

아들딸 구별 없는 문화

딸만 둘인 지인의 상가에 문상간 적이 있다. 장례식장이 썰렁했다. 두 딸 중 한 사람이라도 결혼했기 망정이지 둘 다 미혼이었더라면 어쩔 뻔했나 싶었다. 그 집 사위 친구들이 간혹 문상을 오긴 해도 여느 문상객처럼 잠깐 예의만 차리고 돌아가는 듯했다. 아들이 있는 집처럼 밤샘하며 떠들썩한 분위기는 아니었다.

병마와 싸우다 세상을 뜬 제부가 문득 생각났다. 너무 대조적이던 그 상가 분위기 때문이었을 거다. 상주라고는 삼십 줄에 막 들어선 미혼인 남매와 내 여동생뿐이었다. 한데도 상갓집이 잔칫집처럼 떠들썩해 상가 분위기가 쓸쓸하지 않았다. 사교성이 좋은 조카 친구들이 떼 지어 몰려와 밤새 술자리를 펴고 이틀 내내 꽉 메웠다.

길흉사도 다 상부상조하는 문화다. 내가 남의 길흉사에 오간 정도에 따라 길흉사 치르는 분위기도 다를 것이다. 동생 부부는 서울 생활 이십 년 차 객지 생활이다. 거기다 양가 친척도 많지 않다. 둘 다 내성적이라 친구도 모임도 많지 않았다. 가게에 매여 남의 길흉사에도 많이 못 갔을 것이다. 설령 여자들이 온다고 해도 예만 차리고 돌아가기 마련이다. 그런데 제부 초상에 손님이 붐벼 깜짝 놀랐다. 한창나이인 육십 초에 며느리, 사위도 못 보고 세상을 떠나 안타까우면서도 마지막 가는 길이 아들 덕에 외롭지만은 않겠다고 상주들을 위로했다.

나도 딸만 둘을 낳았다. 대학원까지 다 보냈다. 결혼할 때 서울에 아파트도 마련해 주었다. 사돈댁은 시골이다. 자식 셋을 서울에 유학 보내 공부시키기도 벅찼을 것이다. 힘들게 농사지어 공부시킨 덕분에 내 딸과 만났고, 나는 좋은 사위를 얻었다. 이 얼마나 고마운 일인가. 아들이든 딸이든 형편이 되는 이가 해주는 게 현명하다는 생각이다. 며느리나 사위나 다 내 손주를 낳아 키울 내 자식이기 때문이다. 혼수 문제로 다툰다는 것은 덜된 인간들이나 하는 한심한 작태다. 아들이나 딸을 건강하게 잘 키워 보내주는 것만도 서로 고마워할 일이다. 형편이 넉넉하다면 숨겨두고 안 해주랴. 못 해 오는 며느리는 미안해서라도 평생 시댁에 잘할 것이다.

딸 가진 부모는 다 해주고도 차별받는 문화가 한둘이 아니다. 이제는 세상이 많이 변해 나아졌다고들 한다. 그래도 유교 문화가 남아있는 장례문화와 명절 문화는 차별에서 벗어나지 못한다. 아들 친구들은 밤새껏 상가에서 보내는데 딸 친구들은 그러지 못한다. 여자들이 친구 부모상에 갔다가 밤샘을 하고 돌아오면 시집은 물론이고 남편도 질겁할 일이다.

나는 명절에 딸들을 시가에 다 보내놓고 혼자 밤을 새워 음식을 만들어 제사 지낸다. 딸 가진 부모의 현실이 대부분 그럴 거라는 생각이다.

어느 해던가, 아들만 둘인 큰사위가 이런 질문을 했다. 딸 둘을 둔 엄마로서 제일 아쉬울 때가 언제냐고. 나는 망설임 없이 말했다. 퇴근해서 밤새워 혼자 제사 음식을 만드는 명절이라고. 사위는 고개를 끄덕이며 말했다. 자기 집은 제사를 지내지 않으니 될 수 있으면 공평하게 한 해는 시댁을 먼저 가고, 다음 해는 처가를 먼저 가게 하겠다고. 그것이 여의치 않으면 양력설은 친정, 음력설은 시댁으로 또는 그 반대로 해도 좋겠다고 한다. 말만 들어도 고맙고 대견하다. 큰사위가 며느리를 보면 사돈 입장을 잘 헤아려 줄 것 같다. 아래로 동생들이 있으니 의논해서 할 수도 있겠다.

요즘은 두 집 건너 한 집이 딸만 둔 부모들이다. 제사도 지내지 않는 시집에서 며느리들은 부침개를 뒤집으며 제사 음식을 혼자 만들고 있을 친정어머니를 생각할 것이다. 그런 아내나 며느리를 한 번쯤 돌아보는 아량이 필요하다. 고착된 유교 문화도 환경에 따라 변화할 때다. 아들딸 구별 없는 문화로 차츰 나아가길 소망한다.

어둠에 싸인 시안공원묘원에서 헤매다

이번 여름휴가도 금 · 토 · 일 3일간이다. 하필이면 금요일이 남편 백신 2차 접종 일이다. 병원에서 접종 일을 앞당길 수 없다고 한다. 할 수 없이 양평의 농장으로 가는 일정을 하루 늦춰 일찌감치 부산에서 출발했다.

가는 길에 부여 궁남지와 고란사를 둘러보기로 했다. 나는 학창시절 문학기행 때 둘러 봤지만 남편은 초행길이다. 넓은 궁남지 연밭과 호수를 휑하니 둘러보고 근처에서 연밥으로 점심도 먹었다.

고란사로 갈 때는 황포돛배 깃발을 나부끼는 유람선을 탔다. 강 위에서 주변 비경을 한눈에 볼 수 있는 지름길이다. 옛날처럼 발품도 팔지 않고 오가는 배 안에서 고란사와 부소산성을 휘 둘러 보았다. 백마강을 왕복으로 달리는 황포돛배 유람선은 그 옛날 전장에 나갈 때 백제 깃발 모양과 닮은 깃발이다. 백마강 노래를 벌써 잊었냐며 연달아 들려주어 추억을 상기시킨다.

도중에 유람까지 하느라고 해가 뉘엿뉘엿 넘어갈 무렵에야 경기도 안성 우성공원묘원에 도착했다. 오후 다섯 시까지만 사무실 관계자들이 근무한단다. 경비원 한 명 없다. 안내 없이 공원 위치와 규모만 둘러보았다. 꼭 그곳 직원을 만날 필요는 없었다. 지난해 경자년 윤달이 들었을 때 사전에 묘지를 사 두라고 신문에 크게 광고가 나왔다. 전화하니 직원이 꼭 한 번 직접 와서 보라고 여러 번 권했기 때문이다. 그 직원에게 산속의 묘원에서 퇴근하지 말고 남아있으라고 말할 수는 없었다. 둘러보고 맘에 안 들면 거절하기도 쉽지 않을 것 같다.

남편은 이곳보다는 서울에서 더 가깝고 애들 이모부가 잠들어 있는 경기도 광주의 시안공원묘지가 낫겠다고 한다. 부산에서 서울로 이사간 제부가 잠든 곳이다. 앞으로 양평 농장을 처분하면 둘러 볼 기회가 없겠기에 이번 나선 길에 다 돌아보리라 생각했다. 우리도 이미 일흔 줄에 들었다. 딸만 둔 우리로서는 사후에 누울 자리를 서울과 가까운 곳에 마련해 놓아야 아이들이 급한 일을 당해도 당황하지 않을 것 같아서다. 우리는 나무 밑에 뼈를 묻어 자연으로 돌아가는 수목장을 원한다. 그렇다고 넓은 땅을 차지해 좁은 국토에 폐를 끼칠 마음은 추호도 없다. 사후에 자손들이 부담해야 할 관리비도 생각하지 않을 수 없다. 그냥 발 뻗고 누울 자리면 충분하다. 잘 나가던 코미디언 아무개도 관리비가 계속 체납돼 묘를 파 이장했다는 얘기를 잊을만하면 남편이 들려주었다.

동생이 찍어 보낸 묘비를 전화기 불빛에 비춰가며 찾기를 몇 바퀴째다. 넓은 공원묘원의 저 끝쪽에 우리처럼 검은 승용차 한 대가 서 있고 남자 모습의 한 사람이 주위를 기웃대는 게 보인다. 차라리 우리 부부뿐일 때는 덜 무서웠다. 먼 곳에서 사람의 모습이 귀신의 실루엣인 양 소리 없이 움직이니 더 무섭다. 어제 백신을 맞고 물을 많이 마신 남편은 가까운 화장실을 가려고 한다. 나는 질겁하며 혼자 무서우니 여기 묘 반대편에서 소변을 보라고 했다. 남편은 세상천지에 사람이 무섭지 귀신이 뭐가 무섭냐며 핀잔을 준다.

제부가 돌아가셨을 때 장례식장에만 참석했다. 장지에는 남편만 따라갔다. 길치가 아닌 그가 잘 찾을 수 있다고 하더니 밤이 깊어가는데도 찾지 못하고 꾸역꾸역 나를 끌고 다닌다. 5~6년

새 엄청나게 늘어난 묘비들에 쉽게 찾지 못하는 그를 탓할 수도 없다. 그냥 밝은 날 다시 오자고 몇 번을 간청했다. 남편은 들은 체도 않는다. 내일은 양평 농장에서 일을 봐야 하는데 여기까지 다시 올 수 없단다. 목소리가 큰 둘이서 옥신각신했다. 주위의 묘비에 혼이 있다면 아닌 밤중에 뭔 일인가 하고 혼백이 더 놀라지 않았을까 싶다.

동생과 다시 통화하고 맨 꼭대기 산비탈에서 도로 내려와 다른 길로 다시 더듬어 올라갔다. 이번에도 못 찾으면 그 부근에 들고 간 제물을 펴놓고 술 한 잔 따르고 오자고 남편과 합의했다. 어둠에 둘러싸인 묘원에서 눈에 불을 켜고 동서의 묘를 찾고야 말겠다는 그 집념에 두 손을 들었다. 이왕 여기까지 왔으니 술 한 잔 주고 가라고 제부의 혼이 그를 붙들고 있는 것만 같다. 어두운 계단을 전화기 화면으로 겨우 비추며 오르락내리락하다 보니 내 머리가 쭈뼛 서고 뒤통수가 다 빼근하다. 산모롱이의 좁고 어두운 계단을 디딜 때마다 다리도 후들거린다. 공동묘지도 무섭지만 둘 중 하나라도 저 아래 낭떠러지로 떨어질까 그게 더 두렵다.

얼마나 묘지를 헤맸을까. 앞서 걷던 남편이 드디어 묘비를 찾았다. 〈광산 김공 김이권 가족묘〉라고 한자로 된 비석 푯말 앞에서 하도 반가워서 하마터면 소리 내어 웃을 뻔했다. 서울 근교에서 제일 큰 묘원일 거라던 말처럼 드넓은 공원에서 제부의 묘비를 찾는데 한 시간 반이나 걸렸다. 낮에 경비원의 도움을 받았다면 깜깜한 밤에 비석들을 이 잡듯 훑어보는 고생은 안 했을 것이다. 간소한 제상을 폈다. 절을 하고 묘비를 물휴지로 닦으니 그때야 눈물이 나오려고 한다.

“제부, 뭐가 그리 급해 남매들 결혼하나 안 시키고 육십 초반에 가버렸소?” 그의 깡마른 팔다리를 주무르며 병실에서 마지막 본 그의 선한 눈빛을 떠올리며 말했다. 남편도, “서둘러 가보니 그곳은 좋냐”하고 병마와 싸우다 일찍 간 그를 나무라듯 혼과 대화를 나눴다.

제부가 세상을 뜨기 이틀 전이었다. 내 꿈에 야윈 제부가 양팔로 아들딸과 어깨동무를 하고 원을 그리며 하늘로 훨훨 날아오르는 걸 보았다. 평소 불교 〈한마음선원〉에 심취해 공부가 깊었던 그가 좋은 곳으로 갔으리라 믿어 의심치 않았다. 내가 꾸는 꿈도 비교적 잘 맞는 축에 들었기에.

제부를 만나고 내려오는 길은 무서움도 없어지고 마음도 평온했다. 마치 제부가 웃음 띤 얼굴로 배웅이라도 하는 느낌이었다.

낮에는 곳곳에서 비가 조금씩 뿌리더니 아직도 찌푸린 하늘 탓인가. 음력 7월 7일의 희미한 초승달만 넓은 공원묘원을 묘지기인 양 무심하게 두루 살핀다.

정신 놓은 친구

친구 남편에게서 메시지가 왔다. 자기 집사람의 환경을 좀 바꿔 보면 어떨까 해서 요양원을 바꿨다고. 여름 휴가를 기다려 그녀를 찾아갔다. 6인 병실에 들어서니 친구가 바로 눈에 들어온다. 몇 달 전 모습보다 체중이 좀 는 것 같다. 누워있는 시간이 많으니 운동 부족으로 그럴 수밖에 없겠다. 지난번에는 내 이름도 기억하지 못했다. 미안한 듯 늘 바쁜 내 일상을 기억하며 "니 바쁘제, 니 바쁠 텐데." 이 말만 되풀이했다. 언제부턴가 나도 사람 이름이 잘 생각나지 않을 때가 있어서 그럴 수도 있으려니 했다.

그런 그녀가 오늘은 나를 보자마자 '희선아' 하며 안으려고 두 팔을 벌린다. 그러고는 “희선아 고맙다, 희선아 예쁘다” 하며 초기치매 환자 증상이라는 같은 말을 반복한다. 나는 “니가 더 예쁘다. 공부도 니가 더 잘했지. 니는 일등이고 나는 7등밖에 못했잖아.” 하며 옆 침대에서 바라보고 있는 다른 환자들에게 그녀의 체면을 살려줬다.

동갑인 우리는 지천명 자리를 깔아놓고 늦깎이 고등학생으로 만났다. 젊은이들에 섞여 야간반에서 공부한 것도 쏙 뺐다. 또 그녀는 전업주부고 애살이 많아 예습 복습을 철저히 하는 공붓벌레, 나는 가게 일하느라 매일 한 시간씩 지각하고 과제물도 반은 못 해 간 골통 학생이었다는 것도 뺐다. 미주알고주알 다 늘어놓을 상황도 아니었다.

별일 없는 휴일에 찾아 가 그녀의 무료함을 좀 달래주고 싶었다. 이른 시간대라 그런지 방문객이 없어 병실 시선이 우리에게만 쏠린다. 대학까지 나온 똑똑한 친군데 어쩌다 이런 병이 일찍 찾아왔는지 안타깝다고 주변에 들으란 듯 크게 말했다.

그녀에게 읽어주려고 가져간 시집에서 내가 쓴 시 하나를 읽어줬다. 낭송이 끝나자 친구는 ‘고향의 봄’ 노래를 부르기 시작한다. 조금 어눌해도 가사도 정확하다. 중간부터는 나도 따라 불렀다. 그녀의 곱던 목소리가 아직 그대로다. 불쑥 눈물이 솟구쳐서 닦으려고 가방에서 레이스 손수건을 꺼냈더니 손수건이 예쁘다고 계속 말한다. 수건이 마침 새것이라 그녀의 목에 둘러주었다. 명색이 스카프, 손수건 도매상 사장이라 예전에도 쓰고 있는 걸 예쁘다고 하면 벗어주곤 했다. 그걸 기억이라도 하는 걸까?

또래로 보이는 맞은 편 환자는 병명이 친구와는 다른가 보다. 또렷한 음성과 기억력으로 자꾸 말을 걸었다. 얼마 전에 다른 친구가 왔을 땐 그렇게 반기지 않더니 "친한 친군가 봐요." 한다. "예, 우리 부부와 고등학교 동깁니다. 예쁘고, 똑똑하고, 봉사활동도 많이 다니고 활발한 친구였어요. 다행히 친구 남편이 교사직을 퇴직한 후라 돌봐줄 수 있어 그나마 다행입니다." 내 말이 떨어지자 친구의 남편이 병실에 들어섰다. 마치 내가 온 걸 알고 오기라도 한 것 같다.

오랜 병에 효자 없다고, 그녀의 남편이 안됐다. 속 모르는 친구들은 곁에서 좀 돌봐주지, 병원에 넣어 사람이 더 못 쓰게 돼가는 게 아닌가 하고 걱정한다. 그러나 상대 입장에 서 보면 그런 말을 쉽게 할 수 없다. 평생을 직장에서 고생하다가 이제 좀 쉬려 하니 배우자에게 이런 병이 찾아온 것이다. 대소변을 받아내는 건 어렵지 않다고, 한데 위험한 가스 불도 켰다가는 잊고 끄지 않는단다. 운동 삼아 다닌 등산도 아내 때문에 포기해야 했다. 불편이 어디 그것뿐이겠는가. 종일 매여 있다 보면 본인 건강도 챙기지 못하고 포기해야 한다. 이 점은 환자 본인도 원하지 않을 것이다. 장기간 환자를 돌보려면 우선 보호자 건강부터 챙길 일이다.

친구 부부와 가까운 용두산공원으로 산책하러 나갔다. 바깥바람을 쐬니 친구는 기분이 좋은 모양이다. 휴대폰에서 나오는 지나간 유행가를 곧장 따라 부른다. 내 머릿속에선 가사가 반도 생각이 안 나는데 친구가 노래를 부르는 걸 보니 신기할 지경이다.

듣기로 친구는 시골에서 고등학교 갈 나이에 몸이 안 좋아 못 갔다고 했다. 중학 동창과 결혼해서 아들 둘을 다 키워놓고 뒤늦게 공부하러 왔다고 했던 것 같다. 남편이 벌어다 주는 생활비에 취미생활까지 즐기며 평생 전업주부로 잘사는 것 같았다. 시간이 많아서인지 반에서 젊은 애들을 제치고 상위권을 다투는 그녀가 내심 부러웠다. 나는 가게 일로 낮에는 공부할 시간이 없고 야간학교도 매일 단골 지각생이었다. 그녀를 따라잡을 수 없었기에 더욱 그가 부러웠던가 보다. 영리하던 그녀가 칠십도 안 돼 요양병원 생활한 지 두 해째다.

몇 년 전부터 행동이 조금 이상하긴 했다. 모임 총무를 맡아 정확하던 계산이 한두 번 어긋났을 때 동창들은 고개를 갸웃거렸다. 그네들 말처럼 좀 더 일찍 손을 썼다면 어땠을까 생각할수록 안쓰럽다.

병문안을 자주 올 형편이 안된다. 친구에게 좋아하는 것이나 사 주라며 준비해 간 봉투를 친구 남편 주머니에 슬쩍 꽂아 주고 돌아섰다. 살면서 저런 병과는 맞닥뜨리고 싶지 않다. 하지만 의지와 상관없이 찾아오는 병을 내 힘으로 어찌 막을 수 있겠는가.

난치병을 만난 친구를 보면 내 미래도 어떻게 전개될지 걱정이다. 남편의 바람대로 일이 년 후엔 일을 그만둘 생각이다. 맑은 정신일 때 글도 쓰고 여행도 다니고 싶다. 그러나 일없이 멍 때리고 앉았다가 저런 병이라도 덮치면 어쩌지 싶어 또 망설여진다. 주위에는 나이가 많아도 일손을 놓지 않은 이들이 더 건강하게 사는 걸 본다. 팔순 나이에도 여전히 일을 하고 있어서 저 양반들이 자기 자식들 욕 얻어먹게 무슨 청승인가 했다. 그런 생각이 얼마나 자기중심적인 잘못된 생각인지를 이제야 알겠다.

친구야, 언제 그랬냐 싶게 털털 털고 일어나렴. 예전처럼 웃으며 찾아와 한때 정신 놓은 일도 다 꿈이었다고 말해주렴.

친구 천도재를 지내고

천도재를 지내러 가는 길이다. 다른 친구 아내 둘과 함께 충북 단양 구인사로 향했다. 그곳은 고인이 평소 자주 찾던 절이다. 그녀가 친정어머니와 함께 적을 두고 다녔던 곳으로 우리 친구들을 그 사찰로 처음 인도한 것도 그였다.

그는 남편 고향 친구의 아내다. 시골 한동네에서 살았던 남편 친구 일곱 명이 부산에 정착했다. 모두 결혼을 하면서부터 모임을 시작했다. 30여 년 넘게 매월 부부동반으로 열네 명이 만났다. 나도 남편과 한 동네 동창이라 남자 친구들도 절반은 동창이다. 그러다 보니 친구 아내들은 나보다 서너 살에서 예닐곱 살이나 연하도 있다. 내게 형님 대우를 깍듯하게 하며 잘 따른다. 나도 그들을 동기처럼 살갑게 대한다.

우리 친구 부부들은 해가 갈수록 남자들보다 여자들끼리 더 잘 지낸다. 여름 휴가철이면 같이 날을 맞춰 전국을 누볐다. 젊은 날엔 여름 휴가에 놀러 다니다가 경비 절약한다며 풍광 좋은 곳이면 아무 곳에 텐트를 치고 숙박도 했다. 남자들은 남자들끼리, 여자들은 또 여자끼리 함께 밤새며 허물없이 지낸다. 남편들 생일이면 맛난 음식을 준비해 오가며 정을 쌓았다.

남자친구들도 다 성실한 이들이다. 그 아내들은 남편보다 더 알뜰하다. 특히 유명을 달리한 그녀는 고추방앗간을 운영하며 근검절약이 몸에 뱄다. 덕분에 그 남편도 착실한 사람이 됐다고 친구들은 입을 모았다. 그런 그녀가 어느 날 아파트를 팔아 전셋집을 얻어 남편을 이사시키고 종적을 감추었다. 자녀들도 아버지를 왕따시키고 연락을 두절했다.

도대체 이유를 알 수 없었다. 부부간의 문제는 부부만 안다고, 그들 부부 사이에 남모르는 어떤 비밀이 있었을까. 설상 그 남편에게 문제가 있었다 해도 결혼적령기 남매를 남겨두고 집을 나갈 수는 없는 일이다. 내가 아는 그녀는 그렇게 생각 없는 사람이 아니었다. 아니면 이상한 종교에 빠졌을지 모른다는 설을 믿어야 할까. 그것도 아니라면? 갖가지 설이 친구들 사이에 오갔다. 뒤에 어찌어찌 그녀의 딸과는 연락이 닿았지만 그 어머니 소식은 오리무중이었다.

행방을 감춘 지 이태나 지났을까, 그녀가 유명을 달리했다는 비보가 날아들었다. 친구들은 충격에 빠졌다. 어째 이런 일이 일어났을까? 아무래도 자살 기미가 보인다는 의문 속에 장례가 치러졌다. 불교 신자인데도 여러 가지 사정으로 절에서 재를 지내는 것 같지도 않았다.

친한 동창 아내 둘을 불렀다. 그녀의 천도재를 지내 주자는 뜻에서다. 새벽 동참 불공이라 큰돈도 안 들고 가신 이가 좋아할 것 같다고 둘 다 단번에 찬성했다. 다른 친구 아내들도 부르면 한걸음에 달려오겠지만 다들 손주 봐주느라 바쁘다. 해서 셋이서 간단한 제물을 배낭에 넣고 길을 나섰다.

다음 날 새벽 세 시 경, 그녀의 재를 지내기 직전에 법당 밖으로 나가 보았다. 백중이 며칠 후라 돌아가신 영혼들의 명복을 비는, 영가들의 이름을 적은 수천 개의 흰 깃발이 높고 긴 밧줄에 줄줄이 매달려 바람에 나불댔다. 천태종의 본산이니 신도 수가 엄청나다. 마침 불어오는 거센 바람에 힘차게 나부낀다. 마치 커다란 설치미술 조형물인 듯 장관이다. 이런 어마어마한 설치예술

현장이 세상에 또 있을까 싶다. 사방이 어둠뿐인 깊고 높은 산 속에 휘휘 팔을 휘젓듯 춤추며 휘날리는 흰 백지장의 소지들. 멈칫거리던 혼백이 마치 잘 있으라고 손을 흔들기라도 하듯이….

"형님, 우리 여자들끼리만 언제 술 한 잔 하입시더." 행방이 묘연해지기 얼마 전 모임에서 그녀가 했던 말이 귓전에 자꾸 스친다. 바쁘다는 핑계로 미루었던 것을 생각하니 가슴이 아프다. 그때 따로 만났더라면 마음속 깊은 얘기를 꺼내 놓았을까. 차분히 그녀를 위로했다면 상황이 달라질 수 있었을까. 정말 안타깝고 미안하다. 아우님, 뒤돌아보지 말고 좋은 곳에 가소서. 부디 다 내려놓고 극락왕생하소서. 나무아미타불.

같은 또래라 절친했던 친구 아내는 재를 지낼 때를 회상하며 연신 찔끔거렸다. 스님이 망자의 이름을 부를 때 갑자기 머리가 찌리리 하더라고. 아마도 친구가 그 순간 다녀갔나 보다 하고 막걸리를 마시며 울먹였다. 마음 여린 그녀가 얼마나 마음이 아렸으면 환청까지 들렸을까. 아니 환청이 아닌지도 모른다. 누구도 알지 못하는 영의 세계가 아닌가.

절에서 내려오는 길에 마음이 헛헛해 막걸리를 잔뜩 마셨다. 기차표 창구 앞에서 차표 값만 내놓고, 나보다 좀 젊은이들이 표를 잘 챙기라며 뒤로 나앉았다. 기차를 타고 한참 가다 보니 눈에 익은 풍광이 아니다. 기차는 부산이 아니고 반대 방향으로 신나게 달리고 있다. 전날 잠을 못 잤으니 다들 곯아떨어져 방향도 모르고 있었다. 이미 어두워진 강원도 원주에서 내려 다시 부산으로 가는 기차를 바꿔 탔다.

술에 약한 데다 길치인 나는 그렇다 치고, 나보다 술이 센 그녀들도 오늘은 넋이 반쯤 나간 게다. 아니면 너무 일찍 생을 마감한 그녀가 우리와 더 오래 있고 싶어서 우리를 끌고 다닌 건 아닌가 모르겠다.

아우님, 이생의 모든 괴로움을 내려놓으시고 蓮花 세계에서 편히 쉬소서. 부디 극락왕생하소서.

얼어 죽은 나무를 내치며

아파트로 이사 온 지 30여 년이 다 되어 간다. 집안을 예쁘게 꾸미는 일에는 별로 관심 없는 내게도 마음에 드는 공간이 하나 있다. 사철 푸른 나무가 가득한 베란다다. 약속이 없는 휴일이면 베란다에 나가 풀도 뽑고 거름도 주고 물도 준다. 생기 찬 나무를 흐뭇하게 바라보는 일이 독서와 글쓰기 다음의 취미다.

겨울 머플러 철이 정신없이 지나가고 조금은 한가해진 봄날이었다. 볕이 따뜻한 일요일 오전에 맘먹고 화단에 들어서다 깜짝 놀랐다. 사철 푸르렀던 큰 고무 함지의 나무 다섯 그루가 서로 모의라도 한 듯 한꺼번에 얼어 죽은 게 아닌가. 천장을 뚫을 듯 키가 커 작달막한 내가 물을 줄 때는 목이 아프게 올려다봤던 행운목과 벤저민, 펜다, 무화과, 파초 등이다. 이사 오면서 가져온 것도 있으니 이들과 인연이 꽤 깊다. 생뚱맞게 추위에 다 죽이다니 기가 찼다. 지난겨울은 평년보다 조금 더 추웠을 뿐인데 도대체 원인을 알 수 없다.

재작년까지는 남편이 바다 경치를 내려다보며 뒤쪽 베란다에서 담배를 피웠다. 그러던 남편이 지난해부터는 무슨 속셈인지 앞 베란다로 장소를 옮겼다. 목이 약해 냄새에 민감한 내가 잔소리하니 눈치를 슬슬 보면서 바람따라 앞뒤 베란다로 오가기 바빴다. 앞 베란다 바깥 창문을 세 곳이나 빠끔히 열어놓고 담배를 피우느라 겨우내 그 문을 열어 둔 채였다. 물을 줄 때마다 향기를 내뿜던 나무 존재를 아무도 살피지 못했다. 따뜻한 볕이 종일 머무는 곳이라 매서운 바닷바람은 염두에 두지 않았다.

가사 도우미가 겨울에 바쁜 나 대신 물을 주라고 한 걸 잊어버렸을까. 대낮에 베란다에 나가 시들어가는 나무를 보지도 않았을까. 별별 생각까지 했다.

나는 퇴근하면 저녁밥 준비에 바쁘고 아침이면 출근하기 바쁘다. 겨울엔 한 달에 두 번만 쉰다. 이 휴일마다 모임이 있고 볼일이 생겨 집에 붙어 있지를 못했다. 아침에 커튼을 걷으면 30여 년간 잘 자란 관음죽이 싱그럽게 버티고 있었다. 그러니 다들 잘 크고 있는 줄만 알았다. 아무리 바빴어도 좋아하는 꽃나무에 소홀했던 나 자신이 한심스럽다.

그놈의 담배 연기가 아끼는 나무를 다 죽였다고 남편에게 잔소리해댔다. 남편은 한술 더 뜬다. 차라리 잘 됐다고, 나무가 너무 많아 사철 개미가 들끓는다고 화를 돋운다. 다시는 나무를 들여오지 않겠다는 약속을 하지 않으면 죽은 나무 뒤처리도 못 하겠단다. 그 화분들은 장골 둘이 들어도 무거운 큰 고무 함지다. 죽은 나무를 처리할 엄두도 못 내기에 입을 다물고 말았다.

남편은 머플러를 넣어 보내는 커다란 마대 포대를 두 개나 가져왔다. 서로 키를 자랑하던 죽은 나무를 연장으로 자르고 분지른다. 자루에 담아 농장에 가져가서 태운다며 지프에 싣는다. 뿌리를 뽑으려면 먼지가 많이 난다고, 방에 가서 책이나 보라고 거푸 손을 내젓는다. 속상해하는 아내를 위한 배려인가 싶어 방으로 들어와 보던 책을 다시 들고 앉았다.

한참 쿵쾅거리더니 조용해졌다. 나가 보니 넓은 베란다가 다 휜하다. 다시 나무를 빈 화분에 심을까 봐 흙은 아래층 화단에 뿌리고 고무 함지들은 멀리 버리고 왔단다. 그러고는 남은 꽃나무들이나 잘 가꾸란다. 어쩐지 자꾸 방에 들어가라고 등 떠밀 때 알아봤다.

흰해진 베란다에서 나무가 있던 자리를 멍하니 바라본다. 얼마 전 아래층에 이사 온 젊은 부부가 베란다 창틀에서 물이 샌다며 올라왔다가 꽉 들어찬 나무를 보고 혹시 꽃집을 하느냐고 물었다. 나이 들면 취미생활도 더러 접어야 하나 보다. 섭섭한 마음이 한동안 가시지 않았다.

차라리 잘 됐다고, 이제는 내가 남편이 하던 소리를 반복했다. 잘 돌보지도 못하면서 푸르른 나무만 보겠다는 건 욕심이었다. 자식을 돌보지 않았던 부모가 나중에 자식이 남긴 재물에 연연하는 파렴치가 이와 다를 바 있겠는가. 남은 화초를 미안한 마음으로 바라보았다. 가장 아끼던, 보기 좋게 잘 자란 관음죽과 수국, 국화 화분은 추위에 강한지 다행히 화를 면했다. 베란다 문을 열면 보이는 곳에 있던 이들만 보고, 멀찌감치 떨어진 나무들을 주의 깊게 살피지 못한 탓이다. 화분이 있던 빈자리가 휑하다. 든 자리는 몰라도 난 자리는 표가 난다는 말을 실감하고 있다.

요즘 팔이 아파 무거운 것은 못 든다. 엉덩이가 안 좋은 남편이 무거운 짐을 들고 15층을 몇 번이나 오르내렸을 생각에 미안해진다. 이제부터는 꼭 필요한 게 아니면 아무것도 들여놓지 않을 생각이다. 살림도 간소하게 차츰 줄여나가야겠다. 이참에 뒤쪽 베란다에 둔 쓰지 않는 큰 솥도 내놓을 생각이다. 책장에 꽂히지 못한 많은 책도 묶어서 폐지 수집하는 이에게 내어주련다. 나무가 죽은 걸 계기로 쉬는 날마다 버릴 것투성이인 창고 방을 정리해야겠다.

내 나이 벌써 예순여덟이다. 희망 사항인 팔십까지 산다 해도 얼마 남지 않았다. 사는 날까지 건강하다면야 얼마나 다행이랴. 우리 두 사람 중 한 사람이라도 요양원에 가게 된다면 이 많은 짐을 다 어쩔 것인가. 갑자기 생각이 바빠진다. 남은 가족에게는 말 그대로 짐일 뿐인 짐이다. 이 짐들을 줄여야겠다는 생각에 요즘은 들며 나며 버릴 건 없는가 하고 구석구석을 눈여겨본다.

정작 내 마음부터 비우는 연습을 해야 했다. 얼어 죽은 나무를 밖으로 내치며 이제야 그런 생각을 하게 된다. 나무는 죽었어도 큰 깨우침을 주고 갔다. '아름다운 마무리는 비움'이라고, 법정스님은 진즉에 글을 남겼다. 일흔에 다다라서야 그 말씀에 깊이 공감한다. 확 트인 베란다에 서니 영도다리를 씽씽 달리는 자동차들이 한눈에 든다.

'사소행'과 방하착放下著의 수필

유한근(문학평론가)

필자는 정희선 작가의 자연인으로서 삶이나 작가로서의 삶에 대한 정보를 가지고 있지 못하다. 그래서 그의 문학에 대한 고정관념이 없어 그의 수필을 현상학적으로 접근할 수 있었다. 그의 수필을 일별하면서 필자는 그의 삶의 일단들에서 진솔함과 진정성을 엿볼 수 있었다. 그의 수필적 모티프는 소소한 삶의 일상성을 통해서 그의 문학정신을 형성하고 있는 철학적 모티프가 무엇인지 그리고 그가 가지고 있는 작가정신, 생활 철학적 관심, 그 일단一端을 알 수 있었다. 이를 전제로 하고 그의 수필 세계를 탐색하려 한다.

1. 체험 공간과 '사소행' 수필

작가의 체험공간은 부산인 것으로 보인다. 작품 곳곳에 부산 이야기가 전개되고 있기 때문이다. 작가의 삶의 공간 의식은 특히 체험 문학인 수필에게는 중요한 계기로 작용된다. 어느 곳에서 사는가 혹은 어떤 공간에서 체험하는 가에 따라 수필의 색깔과 냄새와 맛, 작품의 분위기와 톤에 영향을 미친다. 부산 국제시장, 대청동 된비알, 용두산 공원 등 부산 소재 공간은 그의 공간의식을 점하고 있다. 이 공간들은 정희선 작가의 원체험 공간처럼 그의 정신에 화인으로 각인되어 있다.

수필 〈다락방의 추억〉은 이렇게 시작된다. "퇴근길에 남편 오토바이에 타고 남항동 구 전차 종점에 갔다. 그곳은 우리 부부에게 옛 추억이 많이 묻은 동네다. 남편이 총각 시절에 일했던 조선소는 이곳에서 바다 쪽으로 두어 블록 내려간 곳에 있었다. 그가 부산에 올라와 처음 지낸 곳은 전차 종점에서 신선동 산비탈 쪽으로 올라간 셋째 누님 댁이었다. 나는 전차 종점 바로 위쪽 골목에 다락방을 얻어 살았다. 내가 살았던 두 번째 다락방이었다"가 그 하나의 예이다. '남항동 구 전차 종점'에 자리하고 있는 작가의 다락방의 기억은 작가에게 있어 '시작'이라는 의미의 표상지로서 중요할 것이다. 작가의 일터인 국제시장, 자취했던 대청동 된비알의 다락방에 대한 기억은 남루했지만 작가의 젊은 꿈이 태동했던 공간이었을 것이다.

"아랫동네의 공동 수돗가로 가서 물을 이고 날"라 먹었던 산동네. 그곳에서의 추억은 젊은 날의 소박하지만 아름다운 날이었을 것이다. 그 공간은 조선소 기술자였던 고향 동네 동창이던 남편이 퇴근 후엔 가끔 찾아왔던 다락방이다. 밤 늦은 시간, 휘파람으로 찾아왔던 미래의 남편. "술에 취해 마당(다닥다닥 붙은 판잣집의 좁은 공동 앞마당)에다 토해놓고는 바깥벽에 기대어 잠들어 있었다"던 남편의 기억이 있던 다락방이다. 그러나 "집 주인 보기도, 친구 보기도 민망해 남편이 근무하는 영도의 전차 종점 근처로 이사"하여 살았던 다락방은 "세 명은 누울 수 있는 공간"이라 전보다는 편했다.

"대청동의 다락방은 마루 입구에서 사다리를 이용했는데, 남항동의 다락방은 주인댁의 현관을 통과하지 않아도 되었다. 다락방

집으로 오르는 계단이 밖에 있어 누가 들락거려도 맘이 편했"던 공간이었다. "평지라서 물을 이고 다니지 않아도 돼 더 좋았"고, "허리를 펴고 완전히 설 수 없는 다락방이 불편하다고 생각해 본 적이 없다. 온전히 나만의 공간이 있다는 것만으로도 마냥 좋았다. 온종일 가게에서 서서 일하고 단골 지각생이란 딱지를 이마빡에 붙인 채 야간여중에 다닐 수 있는 것만도 행복했다"고 토로한 공간이다.

"그 다락방을 벗어난 날이 국제시장에 내 가게를 내며 남편과 살림을 합친 날이다. 그 비좁고 어두웠던 다락방은 가슴 두근거린 나만의 첫 공간이었다. 그곳에서 내 꿈을 키웠고, 전깃불을 자유롭게 켜고 책을 맘껏 볼 수도 있었다. 당시에는 도매장사가 아주 잘 되었는데도 종업원들이 먹는 김치는 허옇게 소금만 많이 넣어 따로 담가주었다. 스카프 만드는 가내공업도 겸하고 있어서 여럿이 자야 하는 방에는 전깃불도 늦게까지 켜놓을 수 없었다. 마른 걸레에서 물기를 쥐어짜듯이 다들 그렇게 살았다"고 토로한다.

내 인생 첫 출발은 대청동 산비탈의 작은 다락방이었다. 다닥다닥 기차간처럼 붙은 열댓 평도 안 되는 판잣집 마루 입구에 얹힌, 겨우 둘이 누울만한 창고였다. 150cm가 될까 한 왜소한 내 몸이 허리를 펴지도 못하고 들락거렸다. 남항동의 개인 주택의 다락방은 그보다는 넓고 바깥에서 독립된 통로로 들어갈 수 있었다. 그래도 애인이 찾아오면 안집 주인이 눈치챌까 봐 휘파람 소리만 들리면 천둥소리에 개가 놀라듯 소스라쳐 허벙저벙 뛰어나갔다. 전화가 귀했던 그 시절엔 애인이 있는 이들은 이런 경험을 숱하게 했으리라.

50년이 지난 지금은 부부가 숨바꼭질해도 좋을 만치 넓은 아파트에 산다. 아이들이 모두 서울로 대학을 가면서 평수를 줄여볼까도 했다. 하지만 한 번 넓혀버린 집은 줄이기도 어려웠다. 일에서 손을 떼면 이 집에서 훌훌 털고 풍광이 아름다운 어느 가람이나 갯가를 찾아 나서 볼까 한다. 거기에 추억의 다락방을 만들고 하늘이 보이는 쪽창 하나 달면 금상첨화겠다.

–〈다락방의 추억〉 결말부분

위 인용문은 '다락방 추억'을 소환한 이 수필의 결말부분이다. 50년 전의 이 기억들을 소환하여 아름답게 되새기는 것은 현재의 삶에 만족하며 살 수 있는 자산이기 때문일 것이다. 그것을 작가는 이렇게 말한다. "자기의 삶에 만족하며 사는 이가 별로 없다고들 말한다. 그러나 우리는 아니라고 자신 있게 말할 수 있다. 생활이 차츰 나아졌고 마음은 늘 부자였다. 다락방 시절에 비하면 지금은 재벌이 부럽지 않으니까. (…) 현재 개구리가 되었다고 해서 올챙이 적을 잊은 적 없다. 직원 월급과 먹는 것만큼은 넉넉하게 챙겨 주었다. 소금도 먹은 놈이 물켠다고 하지 않던가. 일 하나라도 제대로 잘 배워 나간 그들은 인생을 사는 데도 큰 도움이 되었으리라 믿"기 때문일 것이다.

이와 같은 맥락의 '사소행' 수필은 〈금싸라기 휴가〉이다. 이 수필은 이렇게 시작된다.

국제시장 여름휴가는 단체로 쉬는 단 삼일간이다. 이 여름휴가에 휴일이 포함되면 실제 휴가는 이틀뿐이다. 이 여름휴가 때 국제시장 우리 공구가 단체로 쉰다. 구정과 추석을 제외하고 일 년에 한 번뿐인 휴가다. 이 소중한 시간을 어떻게 보낼까 생각하다가 코앞에 닥친 문제부터 해결하기로 맘먹었다.

휴가 첫날인 금요일은 우리 부부가 그간 미뤄왔던 병원에 다녀왔다. 남편이 오래전에 돌아눕다가 삐끗했다. 그 일 후 오래 서 있거나 조금만 걸어도 엉덩이 쪽 골반이 아프단다. 여러 곳에서 검사도 해봤다. 다들 이상이 없다고 했다. 병원 치료를 포기하고 한의원을 다녔다. 끈기 없는 남편은 그것도 포기했다. 불편을 견디며 몇 년이 흐르고 나이가 든 요즘 들어 더 불편해한다.

얼마 전 장거리 시내버스를 탔다. 퇴근 시간이라 차가 밀리는 와중에 대여섯 살쯤으로 보이는 손자와 함께 타는 할머니가 있어 자리를 양보했다. 천장에 매달린 손잡이를 오른손으로 잡고 있는데 차가 급정거해 오른팔에 힘이 많이 실렸다. 다음날 어깨가 아파서 파스를 붙이고 다녔다. 평소에도 무거운 짐을 많이 든 날은 양쪽 어깨가 아파 파스를 종종 붙이긴 했다. 후로도 낮에는 가게 일하느라 모르다가 밤이면 어깨가 욱신거려 잠들기가 힘들었다. 인대가 파손되었나 하는 걱정이 되었다.

–〈금싸라기 휴가〉 서두 부분

위의 인용문은 3일의 여름휴가 첫날의 이야기를 쓴 〈금싸라기 휴가〉의 서두 부분이다. 첫날 병원을 가기 위해 장거리 시내버스를 탄 체험을 기록한 수필이다. 시내버스에서 만난 할머니와 손자에게 자리를 양보한 이야기, 그리고 통증 이야기. 그리고 이어지는 통증 클리닉 이야기, 둘째 날 휴가에는 음력 초하루라 신선동 산기슭 영화사에 들러 부처상에 번개 예배한 이야기. 그리고 마지막 휴가 날에는 "고향 동창 부부들과 가덕도의 혜덕사로" 가서 "상좌스님이 끓여주시는 차를 소꿉 장난감 같은 찻잔에 대여섯 잔이나 연거푸 얻어 마시고 내려"와 "바닷가로 내려가 해수욕을 대신해 바닷물에 발만 적"시고, 친구들과 "풍광이 멋진 식당" 식사를 하고, "산 밑에 멋지게 꾸며놓은 정자에 앉았다가 누웠다가 오후의 휴가를 즐"기는 이야기를 서술하고 있다. 그리고 결말

부분에서는 "부산은 며칠째 35도를 오르내리는 111년 만에 찾아온 찜통더위인데 가덕도는 일본으로 가는 태풍 영향으로 바람이 시원했다. 여기가 천국이라며 입을 모았다. 친구들에게 바닷바람 솔바람까지 한껏 대접하고 아쉬운 자리를 떴다. 황금 같은 3일 휴가가 눈 깜빡할 사이에 지나가 버렸다"고 마무리하고 있다.

이렇게 수필 〈금싸라기 휴가〉에서는 3일 간의 휴가 이야기를 쓰고 있으면서 그것을 '금싸라기 같은 휴가'라고 제목을 붙이고 있다. 그것은 아마도 짐작컨대 국제시장이라는 삶의 현장에서 바쁘게 생업으로 지내다가 병원과 절과 친구들과 같이 행복한 하루를 지낸 사소한 일상을 '금싸라기'로 인식했기 때문일 것이다. 이른 바 '사랑하고 소중하고 행복한 일상 스토리'를 쓴 '사소행의 수필'이라는 점에서 주목된다.

다람쥐 쳇바퀴 돌듯이 일상적 삶을 바쁘게 사는 키르케고르가 말한 이른 바 '윤리적 실존'은 삶의 현장인 일상으로부터 벗어나도 '사소행의 수필'을 쓸 수밖에는 없다. 많은 여성작가의 수필이 그러하듯. 사소한 일상의 이야기를 수필문학적 미학으로 형상화라는 문제는 별개이고, 그 삶 속에서 행복과 지혜를 탐색해 나가는 수필정신이 중요하다. 그렇다면 정희선의 수필정신은 무엇일까?

2. 생명중시사상과 삶의 지혜

위의 수필 〈금싸라기 휴가〉에서 볼 수 있지만, 정희선 작가는 절과 가까운 시인이다. 키르케고르가 말한 이른 바 '종교적 실존'은 아니어도 불교와 가까운 작가로서 '미학적 실존'이다. 수필 〈미꾸라지 방생〉 〈칠월 백중 영가재〉 〈찻잔과 맞바꾼 모과 향기〉 등에서 보여주고 있는 불교 관련 모티프의 수필이 그것이다.

〈미꾸리지 방생〉은 절이나 승려와 직접 관련된 이야기는 아니어도, 제목에서 보여주고 있는 불교적 언어인 '방생'을 통해서 불교 사상에 젖어있는 작가로 보인다. 불교를 모티프로 쓰는 불교작가라는 의미가 아니라, 불교적 향기에 젖어 있는 작가로 보인다는 의미이다.

이 수필은 이렇게 시작된다. "을숙도문학 동인들과 나들이를 나섰다. 목적지는 경북 청도 운문사 계곡이다. 시인 친구의 지인이 그 계곡 부근에 펜션을 운영하고 있단다. 초여름 휴일 하루를 힐링하기에는 딱 좋은 장소와 거리이다. 점심 식사를 준비해야 해서 여자 시인들만 탄 차를 언양 시장 입구에서 세웠다. 장을 보려고 총무인 최 시인과 채소가게에 들렀다. 채소가게에 들어서자 먼저 눈에 들어온 것은 푸성귀가 아니라 시꺼먼 미꾸라지 떼다. 어디서 잡혀 왔는지 같은 운명으로 두 함지에 담긴 미꾸라지들이다. 미나리, 상추 사이로 오글거리며 나와 눈을 맞춘다. 그때 반짝 뇌리를 스치는 한 생각이 있다. 언젠가 기회가 되면 너희들을, 아니 너희 후손들이라도 많이 방생해 주겠다고 했던 약속이다"가 그것이다. 이 부분에 주목되는 부분은 동인들과의 나들이가 운문사 계곡이라는 점과 점심거리 준비 과정에서 미꾸라지 방생을 생각했다는 점이다. 불자의 마음이 그대로 드러나는 부분이다.

방생放生은 자비를 실천하는 불교적 실천행위로 살아있는 물고기나 새 또는 짐승 등을 영적 존재가 강림하여 있다고 믿는 강이나 못이나 산에 놓아주는 불교 의식이기도 하지만 무속 의식이기도 하다. 생명을 중시하는 하나의 의식이다. 《열반경》의 "일체중생개유불성一切衆生皆有佛性(일체 중생은 부처의 성질을 지니고 있다)"을 실천하는 행위이기도 하다. 절에서 실시하는 방생재放生齋는 음력 3월 3일이나 8월 보름에 방생계放生契를 조직하여 방생회放生會를 열어 하게 된다. 그러나 무속 신앙에서는 방생을 수시로 하는 것으로 알고 있다.

> 목적지에 다다를 때까지도 미꾸라지를 풀어 놓을 적당한 장소를 못 찾았다. 겨우 찾은 곳이 물살이 센 좁은 농수로다. 수명이 질긴 미꾸라지가 흐르는 물길을 따라가다 보면 정착할 곳

이 있겠지 하고 농수로에다 검은 두 봉지를 거꾸로 들이부었다. 부디 다시는 잡히지 말고 살라고 염원했다. 어쩌면 먼 중국에서 잡혀 왔을지도 모르는, 멀어져 가는 미꾸라지 떼를 보며 안쓰러운 마음으로 몇 번이고 중얼거렸다. 부디 다음 생에는 좋은 몸으로 태어나거라.

—〈미꾸라지 방생〉 결말부분

그러나 위에서 보듯이 미꾸라지를 방생할 마땅한 자리를 찾지 못했다. 겨우 찾은 곳인 농수로에 작가는 미꾸라지를 방생한다. 그리고 기원한다. "부디 다시는 잡히지 말고 살라고 (…) 부디 다음 생에는 좋은 몸으로 태어나거라"고 기원한다. 기원 불교는 원시 불교가 중국을 거쳐 우리나라에 들어오면서 기복 신앙인 토착종교와 결합되어 나타난 불교의 세속화 현상 중 하나로, 불교의 응보설應報說에 기초한 실천적 행위로 보편화된 불교 의식이다. 그래서 작가의 이러한 기원이 가능하게 된 것이다.

① 매년 칠월 백중이면 다니는 절에서 영가들의 재를 지낸다. 시아버님과 시어머님은 물론이고, 갓 스물에 목숨을 놓아버린 시숙을 영혼 결혼을 시키고 제사 지내는 시숙부부가 시가 영가들이다. 친정 어머님과 친정 두 아버님, 뒤늦게 올린 어린 영가 둘까지 모두 아홉 영가다.

이날 만큼은 바쁜 일도 접어 둔다. 돌아가신 어른들의 넋을 위로하고 좋은 곳에서 편히 쉬길 염원하며 단체로 올리는 우란분절 천도재다. 돌아가신 영혼치고 이생에서 한없는 영가가 있을까마는 나이를 더할수록 더 생각나고 가슴 아픈 일이 있다. 그건 내가 첫돌도 안 돼 돌아가셔서 얼굴도 모르는 내 아버지 때문이 아니다. 내 몸에 자리 잡았지만 형편상 지워야 했던 어린 영가 둘이다.

—〈칠월 백중 영가재〉 중에서

② 가덕도 혜덕사를 한 달 만에 다시 찾아갔다. 일 년에 한 번 정도 찾던 절이다. 그날 생각지도 못한 청정 섬의 모과를 한 바구니나 횡재했다. 지독한 무더위가 마지막 기세를 떨치던 지난여름 휴가 때다. 우리가 갔을 땐 주지 스님은 안 계셨다.

항상 웃는 얼굴에다 유머가 풍부한 상좌스님이 텃밭에서 일하다가 반갑게 맞아주셨다. 덕분에 차도 한잔하고 같이 좀 쉬자며 우엉차를 맛있게 끓여주셨다. 혹시 스님 법명 '여하'의 '하'자가 '웃을 하'가 맞냐고, 언제나 즐겁고 쾌활하셔서 우리까지 전염되는 것 같다고 했더니, 스님은 그렇다고 맞장구 치시며 또 웃으신다.

—〈찻잔과 맞바꾼 모과 향기〉 서두 부분

①의 〈칠월 백중 영가재〉와 ②의 〈찻잔과 맞바꾼 모과 향기〉는 절에서 체험할 수 있는 특별한 일상을 서술한 수필이다. ①은 제목이 시사하는 바 백중일에 절에 모신 아홉 영가의 천도재 체험을 쓴 짧은 수필이고, ②는 상좌스님의 찻잔 보시 체험을 쓴 수필이다. 따라서 이 두 편의 수필은 절을 모티프로 한 수필이지만 다른 성격의 수필이라 할 수 있다.

①에서는 한을 풀지 못해 떠도는 영가를 천도하는 작가의 마음을 읽을 수 있다. 결말 부분의 "어린 영가들아! 어떤 인연으로 내게 와서 자리 잡자마자 혹독하게 쫓겨났는지 미안하다. 엎드려 사죄하고 또 사죄한다. 잘못 만난 인연 떠나 어느 좋은 곳에 태어나 만복 누리며 살라고 빌어주지도 못했다. 그때는 철이 없었다고, 잘못했다고 속죄하며 절을 한다. 아무리 빈다고 내 죄가 없어질까마는, 우는 아이 젖 한 번 더 준다는 심정으로 빌다 보면 용서를 해 줄는지. 어느새 눈물이 따라 흐른다. 그 눈물 속에 너희를 향한 속죄의 마음을 풀어놓으며 뒤늦게 철든 가슴이 아프다. 상에 올린 떡 한 조각 넘기자니 목이 멘다"는 토로와 기원이 그것이다.

②는 혜덕사와의 인연과 주지스님에 보시한 찻잔과 모과 향기를 맞바꾼 이야기를 재미있게 쓴 수필이다. "결국 예쁜 찻잔과

모과 향기를 맞바꾼 셈이다. 가게에 먼지가 많아 잔기침을 목에 달고 사는데 기침에 좋다는 모과 원액을 내어 잘 먹겠다고 인사를 드리는데 어쩐지 목이 메었다"가 그것이다. 그러나 여기에서 주목해야 할 부분은 작가의 불심이다. "스님이 절을 지을 때 모과나무를 심어주신, 지금은 돌아가신 속세의 아버지 생각에 나뭇가지조차 꺾는 것을 싫어하시는가 싶어서다./ 조급했던 성격이 이순을 지나면서부터는 많이 완화되었다고 생각했다. 한데 아직도 한참 멀었다. 공자님은 '칠순이면 마음이 원하는 대로 따라도 법도에 어긋남이 없었다.'라고 했다. 칠순이 코앞인 나는 언제쯤 철이 들려나./ 집에 돌아온 남편은 딱딱한 모과 채썰기를 계속하고 있다. 온 집안에 모과 향이 가득하다. 모과 담을 독을 씻어 준비해 놓고 거실에 소중히 매달아 둔 모과 보살님들에게 가지째 꺾어 죄송하다고 중얼거렸다. 주지 스님께 전하는 사죄하는 마음도 함께였다"에서 엿볼 수 있을 것이다. 나뭇가지조차 꺾는 것을 싫어하셨을 스님 속세의 아버지. 향이 좋은 모과 가지를 꺾어 준 모과 보살의 마음은 알지만 그것에 대한 사죄의 마음을 갖는 것은 위에 살펴본 〈미꾸라지 방생〉에서 보여준 생명 중시사상과 연계선상에 있음을 알 수 있다.

이러한 작가정신과 같은 맥락으로 살펴볼 수 있는 수필은 〈존엄하고 안락한 죽음을 맞고 싶다〉이다. 이 수필은 74세에 폐섬유증으로 죽은 오빠의 이야기를 쓴 수필이다. 이 수필은 사회적 문제가 되고 있는 안락사 문제를 다룬 수필이다. 작가는 이 수필에서 이렇게 자신의 견해를 피력한다. “안락사 찬반논쟁의 핵심은 ‘존엄하게 죽을 권리’와 ‘타인이 중단시킬 수 없는 생명의 신성함’이라는 가치의 상충이다. 양쪽 모두 소홀히 할 수 없는 중요한 가치다. 그래도 꼭 선택해야 하는 상황이 온다면 나는 인간답게 존엄하게 죽을 권리 쪽에 손을 번쩍 들어주고 싶다. 특히 소극적 안락사는 다음의 몇 가지 이유로 찬성한다”는 견해가 그것이다. 그리고 결말부분에서 이렇게 마무리한다.

> 그래도 이 안락사는 매우 신중하게 결정되어야 하는 문제이다. 어느 생명이 가치가 있고 어느 생명이 가치가 없는지를 한낱 인간이 결정할 수 없는 노릇이다. 광범위하게 안락사를 인정할 경우 충분히 살릴 수 있는 환자를 포기할 가망성도 적지 않다. 그것이 염려될 뿐이다. 이 세상의 생명은 귀하지 않은 게 없다. 그중에서도 사람의 목숨은 말해 무엇하랴. 그래도 식물인간이 된 채 가족이나 지인들이 병문안 와서 쪼그라든 내 몰골을 구경하는 것은 정말로 달갑지 않다. (…) 신이 주신 생명이 다할 때, 그냥 자연사로 돌아가는 게 내가 제일 바라는 바다. 아마 모두가 바라는 마지막 모습이 아닐까. 나도 오빠처럼 존엄하고 안

락한 죽음을 맞고 싶다.

―〈존엄하고 안락한 죽음을 맞고 싶다〉 결말 부분

이 인용문에서도 밝히고 있지만, 작가는 "이 세상의 생명은 귀하지 않은 게 없다. 그중에서도 사람의 목숨은 말해 무엇하랴"면서 생명 중시사상을 언급한다. 그리고 제목이 시사하고 있는 바 자연사, "존엄하고 안락한 죽음을 맞고 싶다"고 토로한다. 이는 불교를 모티프로 한 수필과 깊은 연관성이 있음을 알 수 있다.

3. 전통문화 계승과 방하착放下著 미학

일반적으로 우리민족의 민속행사의 하나인 제사문화를 신봉하는 사람들 중에는 불교를 선호하는 경향이 있다. 종교적인 관점에서 보면 불교와 유교는 별개의 것이다. 그러나 이러한 종교사상의 변별성과는 달리 실천적 문제에서는 그 변별성이 뚜렷하지 않다. 정희선 작가의 경우에도 이런 것으로 판단된다. 이를 입증해주는 수필이 〈제사 지내는 마음〉이다.

이 수필은 이렇게 시작된다. "시아버님 제사가 음력 2월 초순이다. 날씨가 쌀쌀해서 가게가 바쁜 시즌이다. 조금 일찍 퇴근해서 시골로 내려가도 음식 준비는 늘 고성에 혼자 계신 형님 몫이다. 몇 해 전부터는 시어머님 제사도 합쳐서 지낸다. 이제 일 년에 한 번 뿐인 부모님 기일제사에 웬만하면 다 참석하라고, 제사를 합칠 때 형제들에게 말했다"라는 토로가 그것이다. 그리고 제사에 대해서 특히 제상 차리기에 대해서 박색하게 기술한다. "제사는 불망지일不忘至日로 돌아가신 이를 추모하는 유교의 주자학에서 시작되었다. 조선 선조 때 이율곡이 '격몽요결'에서 우리의 정서에 맞게 고쳐 만들어졌단다. 조상을 숭배하는 마음가짐도 좋지만, 제삿날에 남은 가족들을 모으는 조상이 지혜롭다는 생각이 든다. 가족들이 부모를 기리며 한 밥상에서 밥을 먹는 다복한 시간을 가지는 게 돌아가신 이가 바라는 바 아니겠는가"가 그것이다. 그리고 제사상 차리기에 대해서 디테일하게 서술한다.

1열은 '반서경동'으로 밥과 탕국 자리는 아직 비워둔다.

2열은 '어동육서'로 생선은 동으로 육고기는 서쪽으로, 생선 머리는 동쪽으로 진설한다.

3열은 '조율이시'로 제상에 올리는 필수 과일을 진설하는 법과 의미를 내포한다.

대추는 씨가 한 개라 임금을 뜻함과 동시에 자손이 번성할 걸 상징함이다. 밤은 씨가 세 개라 삼정승이요, 감은 씨가 여섯 개라 6판서를, 배는 씨가 여덟이라 8도를 상징한단다. 그래서 제사상에 꼭 빠뜨리지 않는 과일이다. 반면 털이 있는 과일은 제상에 올리지 않는다. 어릴 때 돌아가신 아버지 제사를 지낼 때마다 어머니에게 들은 바다. 나물 중에 뿌리 나물은 도라지로 조상을 상징하고, 줄기 나물은 검은색 고사리로 부모를 뜻하고, 잎나물은 미나리나 시금치로 자신을 뜻한다. 음식에 담긴 의미 하나마다 조상님 정성이 배어있다. 탕은 한 가지면 족하고 떡과 적은 세 가지씩, 생선은 남부지방에서 많이들 먹으니 우리는 보통 다섯 가지로 살짝 말려 쪄서 올린다. 음식을 차릴 때는 꼭 홀수로 세어 정성을 함께 담는다.

4열은 '홍동백서'다. 글자가 가르치는 대로 붉은색 과일과 과자는 동으로, 흰색은 서쪽에 후식으로 올린다.

–〈제사 지내는 마음〉 중에서

위의 제사상 차림에 대한 견해는 조선시대 사색당파 격돌로 집안에 따라 방향이 다소 다르게 차리지만 그 기본 정신은 다르지 않다. 이렇게 이 제사상 차리기에 주목하는 것은 작가가 가지고 있는 사상을 탐색하기 위해서이다. 우리 민족의 전통문화에 대한 관심이 있다고 해도 제사상 차리기에 이만큼 아는 사람은 많지 않다. 인습에 따라 제사를 지낼 뿐 디테일하게 그 의미를 환기하지 않기 때문이다. 그러나 작가의 이런 관심과 서술은 유교 사상과는 달리 우리 민족의 뿌리에 대한 관심, 가족 사상, 그리고 나아가서는 민족 사상에 대한 관심과 맥을 같이하고 있기 때문이다.

작품에 나타난 주제는 작가의 세계관과 인생관 그리고 작가 정신과 같은 관련이 있다. 유교적 전통 의식을 계승한다는 작가 정신은 우리문학에 대한 제재전통과 주제전통을 계승해야 한다는 의미와 다르지 않다. 이런 점에서 정희선의 미래적 수필지평의 지표는 설정될 수 있다. 나아가 가족 우애와 자식 사랑과도 연결되기 때문이다. 특히 전통문화에 대한 작가의 인식은 자연인으로서 삶이나 작가로서 삶에 지표가 될 수도 있기 때문이다. 이 점에서 작가는 이 수필에서 이렇게 서술한다. 이 점과 관련되어 이 수필에서는 기제사를 지내는 시간과 부모에 유산 처리 문제, 자식없이 작고한 형님에 대한 제사 문제로 작가의 정신세계를 엿볼 수 있다.

기제사를 드리는 시간은 이 수필의 언급된 대로 자시子時로 오후 11시부터 다음 날 1시 사이에 지내야 한다. 그러나 편의상 그 이전에 지내는 것이 이제는 관례로 되어 있다. 타지에서 온 자손들이 귀가하는데 어려움이 없게 하기 위해서 일 것이다.

그러나 “형제들이 모이면 이런 껄끄러운 문제도 불거진다. 언성이 높아지기도 한다. 부모 재산은 혼자 차지하고도 이런 식이다. 이러니 부모님도 안 계신 고향에 형제들이 가고 싶어 할까 싶다. 남편도 부모 제사에 안 가겠다는 걸 자식 된 도리는 해야 한다는 내 고집 때문에 못 이긴 척 다닌다"는 토로와 "총각 때 스스로 목숨을 끊은, 남편의 바로 위 형님 부부 제사를 우리 집에서 지낸 지도 40년이 지났다. 통영에서 멸치 배 사업을 하는 큰 형님(누님)이 꿈자리가 시끄러워 영험한 데 물어보았다고 했다. 죽은 동생이 영혼 결혼을 시켜서 제사를 지내 달라 하더란다. 결혼 비용은 자기가 알아서 할 테니 제사는 동생이 좀 맡아달라는 부탁이었다. 부모나 형님이 자식과 동생 제사를 지내는 것보다 동생인 우리가 지내는 게 합당하다 여겼다. 제수답 한 마지기도 없이 제사를 떠안게 된 이유다"라는 토로를 통해 작가의 정신세계를 엿볼 수 있다.

또한 이 수필의 결말부분의 언급에서 그것을 알게 된다. "예부터 불쌍한 사람 제사를 정성껏 지내주면 복을 받는다고 했다. 큰집 재산 한 푼도 안 탄 우리가 형님 제사도 조건 없이 떠맡았다. 그래도 정성껏 제사를 지낸 덕분인지 여태 사업도 잘되고 있다. 아이들도 좋은 짝 만나 자식 낳고 잘살고 있다. 모두가 제사를 정성껏 지내온 덕이 아닐까 하는 생각도 든다. (…) 기일제사 날이라도 형제들이 만나 돌아가신 부모님을 그리며 정도 나눴으면 한다. 부모님의 넋이 있다면 자식들에게 바라는 게 뭐겠는가. 나 같으면 내 자식들 건강하고 의좋게 사는, 그것뿐이지 싶다"에서 작가의 유교적 전통정신 계승을 엿보게 된다.

한편으로 작가의 정신세계를 엿볼 수 있는 수필은 〈얼어 죽은 나무를 내치며〉이다. 이 수필의 서두는 이렇게 시작된다. "지금 아파트로 이사 온 지 30여 년이 다 되어 간다. 집안을 예쁘게 꾸미는 일에는 별로 취미가 없는 내게도 마음에 드는 공간이 하나 있다. 사철 푸른 나무가 가득한 우리 집 베란다다. 약속이 없는 휴일이면 베란다에 나가 풀도 뽑고 거름도 주고 물도 준다. 생기 찬 나무를 흐뭇하게 바라보는 일이 독서와 글쓰기 다음의 취미다"가 그것이다. 이 서두 부분은 작가의 일상, 그 일단一端을 엿볼 수 있는 부분이다.

작가의 취미는 독서와 글쓰기, 그 다음은 베란다에 놓여 있는 사철 푸른 나무를 바라보는 일이다. 이것은 사물에 대한 관조와 사유를 통해서 수필을 쓰고 있다는 의미일 것이다. 그런데 화단에 있던 나무들이 죽어 있는 것을 발견한다. 행운목, 벤저민, 펜다, 무화과, 파초 등이 어떤 이유 때문인지는 모르지만 죽어 있는 것을 발견한다. 지난겨울의 추위 때문인지, 남편의 담배연기 때문인지, 가사 도우미의 게으름 때문인지는 몰라도 작가는 "아무리 바빴어도 좋아한 꽃나무에 소홀했던" 자신을 한심스럽게 생각한다. 그리고 그 일로 인해, '얼어 죽은 나무를 내치며' 작가는 이 수필의 결말에서 이렇게 사유한다.

요즘 팔이 아파 무거운 것은 못 든다. 엉덩이가 안 좋은 남편이 무거운 짐을 들고 15층을 몇 번이나 오르내렸을 생각에 미안해진다. 이제부터는 꼭 필요한 게 아니면 아무것도 들여놓지 않을 생각이다. 살림도 간소하게 차츰 줄여나가야겠다. 이참에 뒤쪽 베란다에 둔 쓰지 않는 큰 솥도 내놓을 생각이다. 책장에 꽂히지 못한 많은 책도 묶어서 폐지 수집하는 이에게 내어주련다. 나무가 죽은 걸 계기로 쉬는 날마다 버릴 것투성이인 창고방을 정리해야겠다.

내 나이 벌써 예순여덟이다. 희망 사항인 팔십까지 산다 해도 얼마 남지 않았다. 사는 날까지 건강하다면야 얼마나 다행이랴. 우리 두 사람 중 한 사람이라도 요양원에 가게 된다면 이 많은 짐을 다 어쩔 것인가. 갑자기 생각이 바빠진다. 남은 가족에게는 말 그대로 짐일 뿐인 짐이다. 이 짐들을 줄여야겠다는 생각에 요즘은 들며 나며 버릴 건 없는가 하고 구석구석을 눈여겨본다.

정작 내 마음부터 비우는 연습을 해야 했다. 얼어 죽은 나무들을 밖으로 내치며 이제야 그런 생각을 하게 된다. '아름다운 마무리는 비움'이라고, 법정 스님은 진즉에 글을 남겼다. 일흔에 다다라서야 그 말씀이 깊이 와 닿다니. 이도 다 나무가 주고 간 교훈이다. 확 트인 베란다에 서니 영도다리를 씽씽 달리는 자동차들이 한눈에 든다.

–〈얼어 죽은 나무를 내치며〉 결말 부분

위의 인용문에서의 요지는 '마음을 비우는 연습', 법정의 "아름다운 마무리는 비움"이다. 마음 내려놓기라는 의미의 '하심下心' '방하착放下著'의 미학에 대한 인식이다. 방하착은 하심下心과 같은 의미로, "마음속의 집착을 내려 놓는다"는 뜻으로 수행 과정에서 가장 많이 쓰는 화두이다.

이 화두는 중국 당나라 스님이었던 조주 선사의 일화에서 시작된 화두이다. 이 일화인 선문답의 요지는 인간의 마음속에는 그 무엇도 없다. 그 인식조차도 내려놓아라. 없애라. 그래서 '마음속에 한 생각도 지니지 말고 텅 빈 허공처럼 유지하라"라는 의미이다. 만약 마음속에 그 무엇이 있으면 '그것을 지고 가라[착득거着得去]'는 의미이다. 예컨대 마음속에 고통이라는 것이 있으면 그것을 내려놓을 때 그 고통으로부터 벗어날 수 있음을 말하는 것이다.

이러한 불교의 방하착을 작가는 수필 〈얼어 죽은 나무를 내치며〉에서 "정작 내 마음부터 비우는 연습을 해야 했다. 얼어 죽은 나무들을 밖으로 내치며 이제야 그런 생각을 하다니. 나무들은 죽었어도 큰 깨우침을 주고 갔다"고 토로한다. 정희선 수필의 새로운 지평은 여기에서 탐색되어야 한다. 위대한 작품의 여부는 작가의 작가정신, 즉 작가가 작품 속에서 무엇을 말하고 있는가라는 주제의식이 평가의 지표가 된다. 사소한 일상 속에서 쓸거리를 찾아 그것을 어떻게 깊이 사유하는가 혹은 어떤 사상에 뿌리를 두고 있는가에 따라 위대한 작품 여부가 가름된다.

정희선 수필은 위에서 살펴보았듯이, 이 글의 서두에서 "그의 수필적 모티프는 소소한 삶의 일상성을 통해서 그의 문학정신을 형성하고 있는 철학적 모티프가 무엇인지 그리고 그가 가지고 있는 작가정신, 생활 철학적 관심, 그 일단一端을 알 수 있었다"라고 언급한 바 있다. 이제 그 실체를 밝혀야 할 차례이다. 그의 작가정신은 우리 민족의 전통정신과 불교사상에 뿌리를 두고 있다. 따라서 그의 수필창작적 새 지평은 여기에서 찾았으면 한다. 사유의 깊이를 여기에 뿌리를 두고 지금처럼 살아가는 이야기를 편하게 들려 줄 때 독자들은 주목할 것으로 보인다. 그 뿐만 아니라 인간의 삶의 지혜, 그 일단도 제시해 줄 수 있을 것으로 보인다. 작품의 삶이 불교적 색채에 젖어있기 때문에 이는 가능하다는 판단이 든다.

정희선 수필집

국제시장

인쇄 2021년 11월 1일
발행 2021년 11월 5일

지은이 정희선
발행인 서정환
발행처 수필과비평사
주소 서울시 종로구 삼일대로 32길 36(익선동 30-6 운현신화타워 빌딩) 305호
전화 (02) 3675-3885 (063) 275-4000 · 0484
팩스 (063) 274-3131
이메일 eesay321@hanmail.net
출판등록 제300-2013-133호
인쇄 · 제본 신아출판사

ISBN 979-11-5933-366-8 03810
값 13,000원

Printed in KOREA